14歳の
WORLDLY WISDOM FOR 14 YEARS OLD
世渡り術

もやもや、ごちゃごちゃが
スッキリする

手書きノート&メモ術

奥野宣之

河出書房新社

もやもや、ごちゃごちゃがスッキリする　手書きノート＆メモ術　もくじ

第2章 メモで「やること整理」 49

第3章

メモで「計画を立てる」 71

第4章

メモで「思考を巡《めぐ》らす」 95

第5章

「自分だけの1冊」を持ち歩こう

第6章

ノートで「気分をアゲる」

第7章

ノートで「パフォーマンス向上《こうじょう》」

第8章

ノートで「夢を叶《かな》える」

はじめに――「紙とペン」で切り抜《ぬ》ける

本書で伝えたいことは、ひじょうにシンプルです。

・やることや予定が多すぎて「うわぁー！」となったとき
・目標や夢に向かって進んでいく気分になれないとき
・イライラや心配事を抱《かか》えて気持ちが不安定になったとき

このような状況《じょうきょう》になったら、紙に何か書いてみる――。そんな習慣を身につけてほしいのです。

たとえば、土曜日の朝にお母さんから「週末の予定はどうなってるの？」と言われたとしましょう。

月曜提出の宿題もあれば、塾《じゅく》や習い事もある。ぐちゃぐちゃの部屋もなんとかしないといけない。それに友達と遊ぶ約束もしちゃったし……。「いろいろあって大変だああぁ！」と、頭を抱えそうになる。

こんなときには、まずコピー用紙やレポート用紙に「今日やること」と書いてみましょう。

そして、その下に「机の片づけ」「部活の準備」「塾の宿題」など、思いつく限りをリストアップしてみる。それもできないほど混乱しているなら、いまの気分をそのまま書いてみるのもいいでしょう。「△△をやらなきゃ」とか「あー、時間がない」「本気でヤバい！」「やる気がしない」とか、べつに何でもいいのです。

もう、ぜんぜん時間が足《た》りない……
ぐわぁーッ！　やってもやっても終わらん！
休みがなくてしんどいっつーの！

と、このように何か書けたなら、あなたは前に進めたことになります。

そんなの嘘《うそ》だ！　と思うでしょうか。

本当です。あらゆる作業や仕事は、書くことから始まります。宿題や作文はもちろんのこと、パーティーの準備や引《ひ》っ越《こ》しの手続きも、すべて「メモを作る」ことからスタートする。いま抱えている課題やテーマについて、少しでも何かを書ければ、ものごとはひとつ前に進むのです。


理由は、書くことを通じて「頭を使ったから」です。

じつは「メモを作る」とは、ただの機械的な作業ではなく、

1　頭にあるぼんやりした考えをつかむ
2　それを言葉にしてハッキリさせる

3　自分がわかるかたちで表記《ひょうき》する

といった知的な行為《こうい》なのですね。

だから、もし一度でうまくいかなかったり、パッとしないメモができてしまったりしても、ちゃんと頭を使ったことは間違《まちが》いない。何もしないよりはずっとマシで、ときには予想以上の効果を生むこともある、というわけです。

もうひとつ例を挙げましょう。たとえば明日の授業までに数学の問題集をやっておかねばならないとき、いちばんいいのはすぐ机に向かって取り組むことですね。でも、どうしても気が進まないなら（私もそんなタイプです）、せめて「明日の提出物リスト」や「今日の予定表」といったメモを作る。

そうすれば、手ごわい問題集のことはいったん頭から追い出して、国語のテスト勉強に集中できるかもしれません。「1時間くらい遊んでから取りかかってもじゅうぶん間に合う」といった目算《もくさん》が立つこともあるでしょう。じゃあ、とりあえず気晴らしに動画を見てもいいかも……。

寝《ね》るまでにやること!
・数学の問題集(5ページ)
・英単語の小テスト対策
・部活のグループLINEに返信

これが「前に進んだ」ということです。

言い換《か》えれば、書くことを通じて自分の頭を動かし、整理や段取りをつけた。「はやく数学の問題集やらなきゃ……」とボヤきながらゲームをしていても、こんな成果は得られません。たとえ2、3分でも、手を動かして目の前の課題について考えたから、事態は動いたのです。

メモを作る効果は「前に進むこと」だけではありません。頭のごちゃごちゃに限らず、心配事やイライラといった感情に振《ふ》り回されそうなときも、同じように「手書き」で対処《たいしょ》できます。

「成績のことで親からいろいろ言われて落ち込《こ》む」

「最近、仲のよかった友達とギクシャクしている」

「せっかく入った部活がなんだかおもしろくない……」

例を挙げるなら、このような複雑な悩《なや》みですね。これらは宿題のように「手を動かせば片づく」というものではありません。目標や進路などの選択《せんたく》、親兄弟や友達といった人間関係において「正解」はないし、根本的な解決なんてこともない。志望する進路を歩んで夢だった仕事に就《つ》いても、ウンザリするような事態はいくらでも出てくるわけです。

では、ずっと苦しみに耐《た》え続けるしかないのでしょうか。

いや、対処するアプローチはあります。

手を動かすことです。だれかに読んでもらうためでも、ＳＮＳで注目されるためでもなく、自分のために何かを書くのです。

「日記をつけましょう」とか「思考を言語化しろ」とか、難しいことを言っているのではありません。

たとえば、先ほどと同じように紙を一枚用意して、「いまイラつくこと」というリストを作ってみる。

スラスラ書けるでしょうか。それとも意外に出てこない？　いざ言葉にしようとすると「なんか違う……」と思ったり、情けない気分になったりするかもしれません。だんだんイヤになってきた？　じゃあビリビリに破って捨てましょう！

さあ、これであなたは前に進みました。一時の感情にケリをつけたり自分なりの結論を出したり、といったゴールに向かって足を踏《ふ》み出したのです。

この程度の「前進」では、物足りないでしょうか。

しかし、この本を手にとるくらいの人ならもうわかっているでしょう。結局、自分で動くしかないのです。前に進むには、たとえ小さな歩《ほ》幅《はば》であろうと自ら足を踏み出すしかない。今日がダメでも明日やる。明日ダメでも明後日やる。状況は日々変化するので、そのうちうまくいく日だって出てくるかもしれません。

そんな前進のカギになるのが、本書で紹介《しょうかい》するメモとノートの技術です。

書けば考える。

考えれば前に進める。

前に進めば目標に近づける。

目標に近づけば楽しくなってくる。

楽しくなればもっと前に進みたくなる。

単純明快《たんじゅんめいかい》でしょう？

宿題や部屋の片づけはもちろん、試験やスポーツで結果を出すのも同じです。一歩一歩、足を進める。それしかありません。

このことは夢にもつながっていきます。みなさんが憧《あこが》れるアーティストやスポーツ選手だって、気が滅入《めい》るような基礎《きそ》練習や地道《じみち》な活動を繰《く》り返しやり続けてきた人ではないでしょうか?

というわけで、悩《なや》んだときはネット検索《けんさく》したりSNSに投稿《とうこう》したりするのではなく、紙に何かを書いてみましょう。

じっさいに手を動かし、言葉をひとつ書き出すだけでも、新たなチャンスが生まれるのです。

序章

なぜ「手書き」なのか?

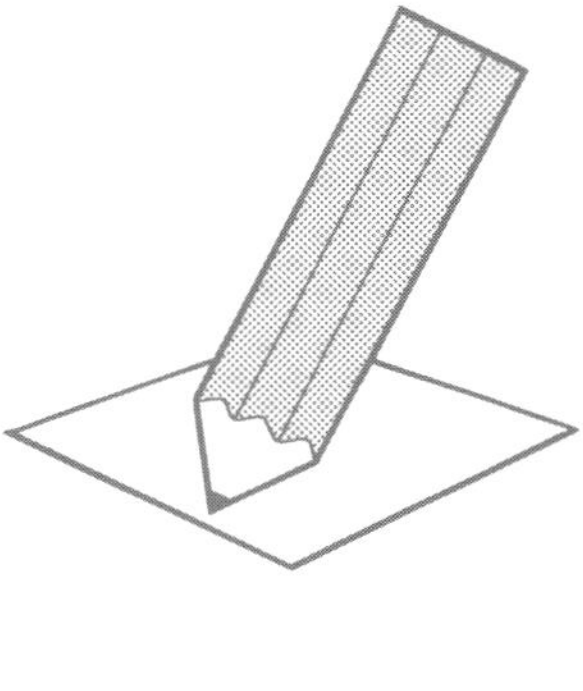

WORLDLY WISDOM FOR 14 YEARS OLD

「メモ」は何のため?

人はいったい何のためにメモを作るのか。

ひとつはもちろん「忘れないようにするため」ですね。持ち物や日程、連絡事項《れんらくじこう》といったものをあとで参照《さんしょう》して、思い出せるようにしておく。語源である英語のmemorandum（メモランダム）には、「覚え書き」や「備忘録《びぼうろく》」といった意味があります。

「アナログかデジタルか」にこだわる必要はありません。外出中ならスマホに、机に向かっているなら付箋《ふせん》やコピー用紙の裏に、というふうにいちばん手軽な手段を採《と》るだけ。紙は置き忘れたり紛失《ふんしつ》したりすることもあるので、メールやSNSに書いておくケースもあるでしょう。

ただ、私は「やること」の整理や日々の記録といったものは、すべてコピー用紙やノートに手書きしています。デジタルツールよりアナログの「手作業」のほうが、さまざまな用事や抱《かか》えている案件《あんけん》が明確になり、頭の中がスッキリするからです。

つまり、メモのもうひとつの目的は「頭を整理すること」です。

スマホに比べて紙にペンで書くのは手間だし、そこそこ集中力も必要です。「午前中にやること」といった程度のリスト作成でも、動画を見ながらというわけにはいかない。しかし、そのぶん5分ほどかけてじっくり書き出せば、頭を行き交《か》うアレコレの交通整理が、かなりできます。「あれもやらなきゃ……」「これも忘れちゃダメだ」といった頭の中の雑音が消える。その結果、「よし、いまからコイツらを片づければいいんだな」と、前向きな気分が湧《わ》いてくるのです。

もちろん、あとでチェックしたりもするけれど、ただ単にメモを作るだけでも「頭の中を整理する」「心を落ち着ける」といった効果は得られる。

「忘れないようにする」ならデジタルでじゅうぶん。でも、「頭の中の整理」をしたい場合は、手書きのほうがいいのです。

手書きメモは、作る過程《かてい》そのものに雑念《ざつねん》を減らして心を落ち着ける効果があります。

さらに「紙」という実体があるぶん、課題や懸案《けんあん》が可視化《かしか》され、認識しやすくなる。

また、書き加えたり、二重線で取り消したりといった操作《そうさ》も直感的《ちょっかんてき》にできます。

これが、いまから本書で語っていく「手書き」の効用《こうよう》です。

紙とペンのメモというのは、「手を動かす作成過程」そのものに意味がある。これだけまず押《お》さえておいてください。

「手を動かすこと」の意味

では、なぜ手書きは頭の整理になるのでしょうか。

私の回答は「実感《じっかん》が深まるから」です。

たとえば部活動の発表会に備えて「当日の持ち物リスト」のメモを作るとする。これを入力《にゅうりょく》して前日の夜にチェックするだけなら、デジタルのほうが便利でしょう。どこかに紛れてしまっても検索《けんさく》で探し出せます。一方で、手を動かしてメモを作ると、どこかのポケットに入れた結果、見つからなくなったり、間違《まちが》えて捨ててしまったりするリスクがある。

それでも私なら、手書きのメモを作ります。

手を動かして書いておけば、なんとなく頭に残るからです。すべて覚えていられるわけではないけれど、数日後でも「そういえば前にリストを作ったな」「なんかややこしいモノがあった気がする」といった余韻《よいん》がしばらく続く。

このように頭に残る理由をひとことで説明するなら、「手間がかかっているから」でしょう。

たとえば、持ち物リストに「上履《うわば》きかスリッパ」とペンで書くとき、一瞬《いっしゅん》、会場をイメージすることになります。そして「携帯《けいたい》用のスリッパは家にあるかな？」といったことを想起《そうき》するでしょう。またペンを動かすと少し手も疲《つか》れる。その結果、「室内履きが必要」というメッセージが、印象に刻《きざ》まれるわけです。

もちろんスマホに入力するときも多少は頭を働かせるでしょうし、何度もチェックすれば、同じくらい頭に残るかもしれません。

それでも、実感は「手書きメモ」にかないません。紙は厚みや重量のあるモノとして存在するし、手書き文字のほうが、筆記具の種類や筆跡《ひっせき》といった「味」もある。さらに自分で書いたメモは、この世にひとつしかない。何カ月後に見ても、明らかに自分の手によるものだとわかるのです。

手書きメモは、作成過程でこのような実感を高める。

私はスーパーに行く前によく「買い物リスト」を作ります。ところが、それを置いたまま出かけてしまうことも多い。売り場で「しまった」と思うわけですが、8割くらいは思い出せます。頭の中に〝複写用紙〟が残っているような感じです。おそらく手書きしながら「これはまだ買わなくていいかも？　ドラッグストアのほうが安いか

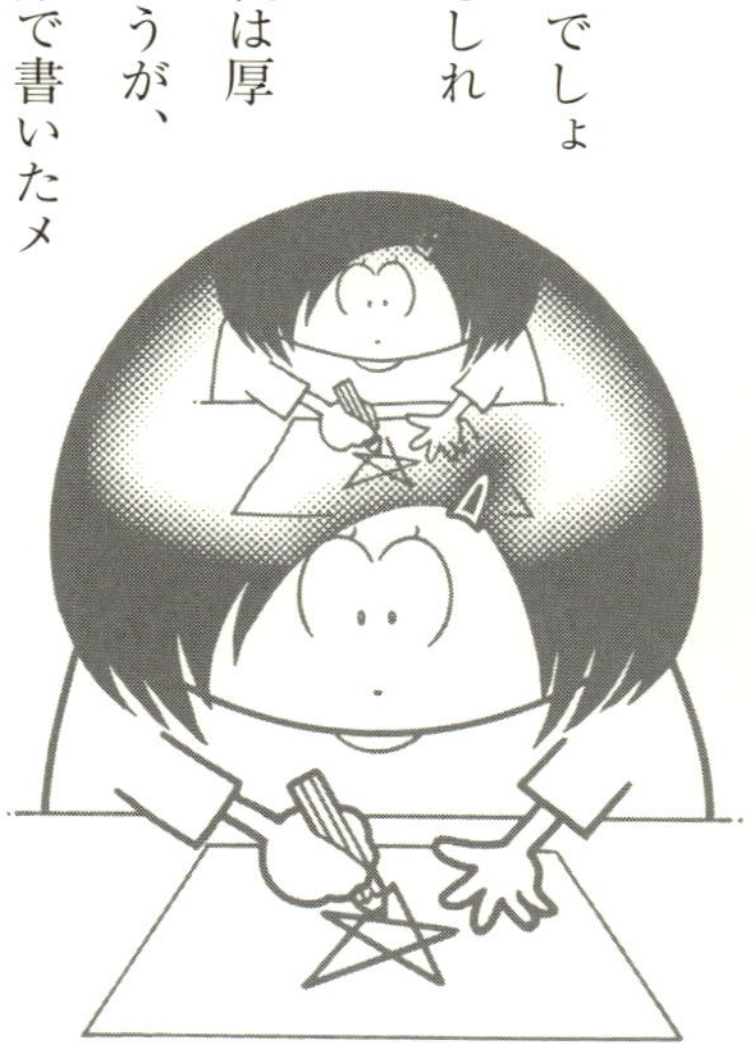

な？」という具合にいろいろ思い巡《めぐ》らせていたからでしょう。

つまり「手書き」はデジタルより高度な知的作業である、と言えます。高度だからコスト（労力《ろうりょく》や時間）がかかる。疲《つか》れる。面倒《めんどう》くさい。でも、そのぶん頭に入る。

これは、宿題や試験勉強など「疲れる&面倒くさい」のオンパレードにいつも立ち向かっているみなさんなら、よくわかるでしょう。英単語のスペルは繰《く》り返し書く。楽器は練習曲をひたすら反復。「手が覚える」というヤツです。

逆に言えば、デジタル入力はラクなぶん実感に乏《とぼ》しい。

手書きは手間がかかるけれど、それだけしっかり残るのです。

「手書きは裏切らない」と覚えてください。

「自分のことを書く」とは？

本書では、前半で「メモ」、後半からは「ノート」という2タイプの手書きを提案していきます。

両者に内容的な決まりはありません。メモに長い日記を書くのも、ノートにちょっとした買い物リストを書くのも自由です。

大きな違いは「残すか・残さないか」にあります。

まず、メモは「書き捨て」です。ものによっては1週間ほど残しておくことはあるけれど、基本的には保管しないでいいことを書く。頭の整理のために、作ってすぐ破り捨てることすらあります。「作ったメモ」という結果より、手を動かして書く過程のほうが大事なのです。

対してノートは「書き残し」です。詳《くわ》しくは5章以降で説明していきますが、書いたり貼《は》ったりしたものは「自分だけの記録」として保管し、長期的に役立てていきます。こちらは「蓄積《ちくせき》されていく記述とノート」という結果を、自らを作る土台にするわけです。

一方で、両者には共通するところもあります。どちらも「自分のことを書く」という点です。

みなさんは毎日、授業や宿題などで、手を動かして何かを書いていると思います。黒板やスライドの一部を書き写したり、連絡プリントに留意事項《りゅういじこう》を書き加えたり、といったことですね。

しかし、本書で語るメモやノートは、そのような「だれかに指示されて書くもの」とは大きく違います。

自分の頭にあることを、自分のために、自分のやり方で手書きするのです。

「自分のこと」といっても、日記とは限りません。忘れてはいけないと感じたことや、頭に浮《う》かんだ言葉、考えておきたいテーマなどを書き残しておくようなケースもありいます。また、発表やレポートの「アイデア出し」として、簡単な図やイラストを描《えが》いたりする場合も当てはまるでしょう。

たとえば歴史の授業を受けているとき、先生が黒板に書いた

「645年　乙巳《いつし》の変　中大兄皇子《なかのおおえのおうじ》と中臣鎌足《なかとみのかまたり》が蘇我入鹿《そがのいるか》を宮中《きゆうちゆう》で暗殺《あんさつ》」

という文字を授業用のノートに写す。そのとき突然《とつぜん》、数年前に家族で奈良に行ったときのことを思い出したとしましょう。で、とっさにノートか教科書の余白《よはく》に次のように書く。

奈良の明日香村《あすかむら》に行ったとき、ここに行った気がする！
お父さんに聞いてみよう。写真は残ってるかな？
調べ物学習や発表のテーマになるかも

これこそ「自分のことを書く」という行為《こうい》です。

同じようにペンを走らせていても、黒板の書き写しや英語の書き取りとはまったく違う。自らの欲求に従って、自らの発想で言葉を書き残した。これこそ知的に高度な「手書き」です。

本書で「メモを作る」「ノートを書く」などと呼んでいることは、単純なリストや備忘録に加えて、このような行為を含《ふく》めたものです。

つまり、ふっと頭に浮かんだことをパッと手書きしておく。

やってみれば簡単です。とにかく、日々の生活の中で「自分のこと」「頭にあること」を、何か少しでも書くことができれば成功。あとで「書いてみてよかった」と感じたら、それが正しいやり方です。

先ほど例に挙げた「持ち物リスト」も、無機質《むきしつ》なもののようで、じつは「自分のことを書いたもの」と言えます。同じ話を聞いても、人によって違うものができるからです。

手書きを続ければ、そのうち「いま考えていること」を2、3分で書いて整理することも、難しいことではなくなってきます。

イライラやモヤモヤを含めた「自分の声」を、少しだけ手間をかけてかたちにする。そして、頭の中を整理し、感情を制御《せいぎょ》する。この技術は、やがて勉強やスポーツなど、困難を切り抜《ぬ》けていくための頼《たよ》れる手段となっていくでしょう。

こんなふうに、私が「自分のこと」を書き始めたのは高校生の頃《ころ》でした。

授業中に先生が、

「ノートは黒板や先生の話だけじゃなくて、自分が思ったことや考えたことも書き残しておけ。そのほうが頭に残りやすい」

といったようなことを言ったのです。

そのときは「そんなもんか」としか思わなかったものの、後日やってみると効果を実感できました。「先生の話」と「自分が思ったこと」が対称化《たいしょうか》されることで、より印象に残るのです。

難しいのは、頭に浮かんだ発想を逃《のが》さないようにすることです。ぼんやりしている

メモとノートの使い分け

メモ

- コピー用紙（裏紙）など
- 手書き
- 保管しない。書き捨て

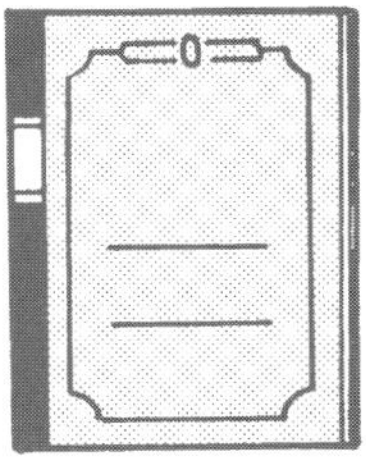

ノート

- A5 サイズ（横罫《よこけい》）など
- 手書き
- 記録として残す。保管

「だれかに指示されて書くもの」
ではなく
自分の頭にあることを
自分のために、
自分のやり方で書く

と「さっき何か思っていたけど、なんだっけ？」となってしまう。

これを防ぐには「いつでもどこでも手書きする」といった習慣を身につけるしかありません。「あとで書こう」「家に帰ったらまとめよう」ではダメなのです。紙とペンは、常に手元に置いておきましょう。

説明の通りにやってみてもいいし、「もっと自分に合うやり方がある」というのなら、どんどんアレンジしてみてください。そんな試行錯誤《しこうさくご》を通じて、あなたの「手書き」はさらに磨《みが》かれていくでしょう。

第1章

何か書いてみよう

メモの基本

紙をたくさん用意する

では、メモの基本から説明しましょう。

最初に準備したいのは、いくらでも気軽に使える紙です。

書きやすい紙であればなんでもいいでしょう。私の場合、使い終わったコピー用紙を「A4の裏紙」としてストックしています。さらにデスクの上にはこれを4等分したA6サイズ（ハガキ大くらい）も束《たば》にしてあり、書く量に応じて使い分けています。取り出しやすいようにケースを用意するのもおすすめです。

たとえば、作業の段取りや予定を整理するときはA4用紙にゆったり書く。とっさに思いついたことや忘れてはいけない要件はA6に書いて、コルクボードやドアに貼《は》り付けておく、といった具合です。

ポイントは「いくらでも無駄遣《むだづか》いできる紙」を使うことです。単に書くことだけを考えれば、新品のレポート用紙やコピー用紙でもいいけれど、少しもったいない。とくにちゃんと書けなかったとき、１００円のレポート用紙であっても、何枚も破り捨てるのは少し気がとがめます。無意識《むいしき》のうちにケチってしまうのですね。

対して「どうせ捨てる紙」なら、湯水《ゆみず》のように使い捨てることができます。家にコピー用紙がなければ、要《い》らないプリントや使わなくなったノートなどをストックしておくといいでしょう。使えば使うほどゴミの削減《さくげん》になります。

そして、少しでもメモしたほうが良さそうなことが出てきたら、紙を取り出して書いてみる。失敗しても、ためらいなく新しい紙に書き直す。用済《ようず》みになったらすぐ破って捨てる。コストはまったく気にせず浪費《ろうひ》する。

こんなふうに、使うときの心理的な負荷《ふか》が低い紙を大量に用意しておきましょう。大人に相談すれば、使用済みのコピー用紙は簡単に手に入ると思います。

気軽に使える紙を大量に持っておけば、手書きのハード

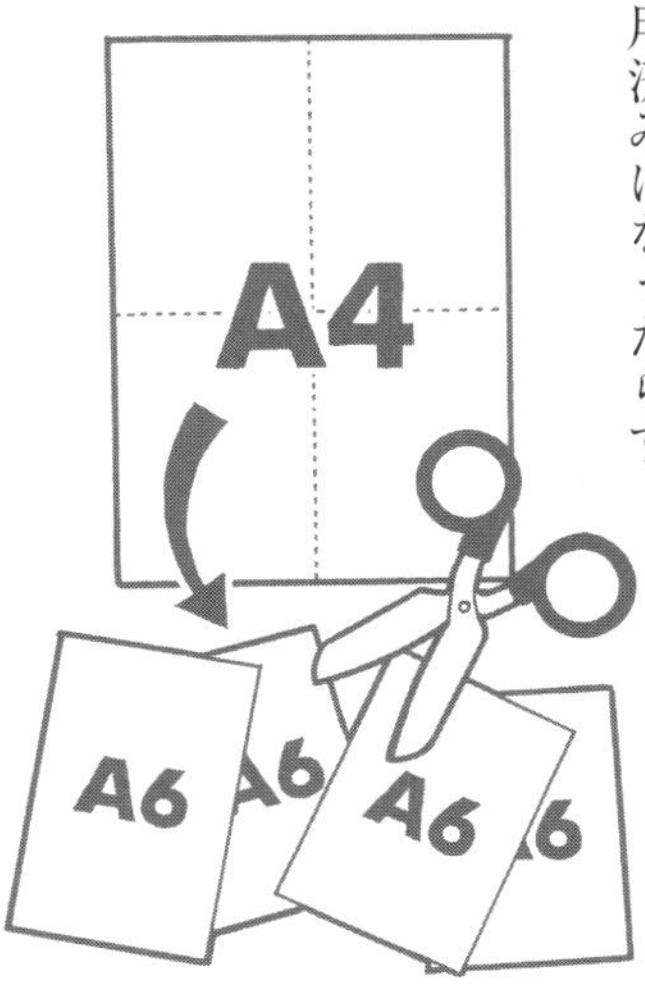

ルはぐっと下がります。

ペンは太字のものを

ペン選びは好みの問題ですが、メモ用としては「太めのペン」をすすめます。ボールペンでも鉛筆《えんぴつ》でもいいけれど、ペン先が0・5㎜以下のものは、あまりメモに向いていません。それより太くて、タッチや筆圧《ひつあつ》の強弱が表現できるようなペンを使いましょう。

理由は簡単で、まず「見やすいから」。細いペンでサラサラ～と書くと、そのときは心地良いけれど、あとで見ると一瞬《いっしゅん》「何のメモかわからない」といったことになりがちです。遠目に見てもハッキリわかる太さのペンを使いましょう。

おすすめはサインペンです。筆圧やペンを走らせるスピードによってタッチや線の太さが変わるので、表情豊かな文字が書けます。急いで書けば、緊張感《きんちょうかん》のある感じになるし、落ち着いて書けばどっしりした字になる。つまり、おのずと手書き文字の情報量が多くなるわけで、メモ用に1本持っておくといいでしょう。

また小学生の習字で使ったような硬筆用《こうひつよう》の柔《やわ》らかい鉛筆（B4〜B6）も、表情豊かな文字が書けます。自宅に残っていたら、活用してみてください。また、あれば万年筆や筆ペンも試してみましょう。使用するペンの種類によって頭の働きも変わるのがわかるはずです。

あと付け加えておくと、私の感覚では太いペンのほうが、字がうまく見える気がしています。線が安定しているからでしょうか。

自分が書いたメモを見て「汚《きたな》い字だな……」と感じると、ちょっと気分が沈《しず》んで、無意識のうちに手書きを避《さ》けるようになってしまいます。なるべく字がきれいに見えるようなペンを探して使いましょう。

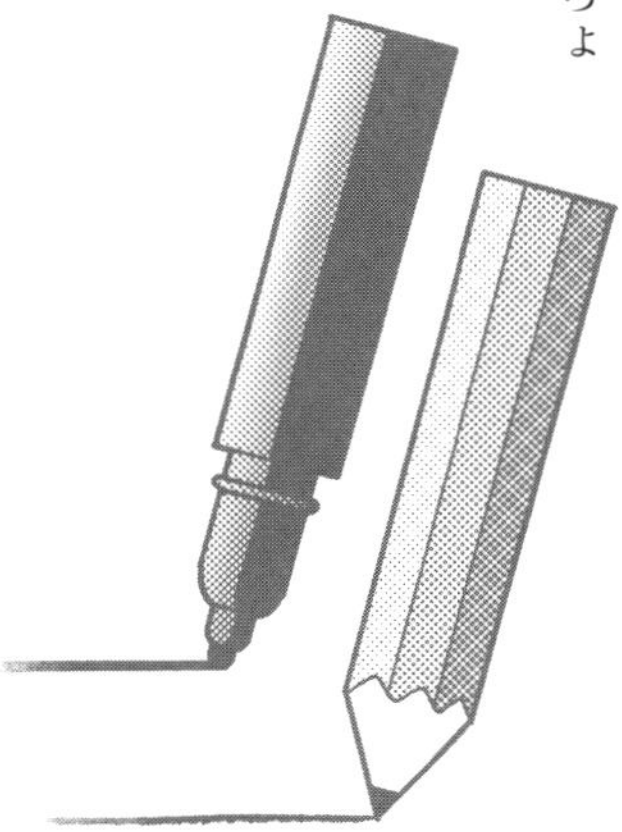

大きな字でハッキリと

文字は大きく書きましょう。

大きいほうが目立つからです。同時に存在感も高まって、内容も頭に入りやすくなる。つまり、メッセージがより自分に伝わりやすくなるわけです。

太字のペンを使うと自動的にそうなってしまうのですが、細字が好きな人も、メモするときは紙を大きく使ってガシガシと書いてください。テストやプリントのように記述欄《きじゅつらん》を気にする必要はないのです。

「手を動かす」という観点でも、文字は大きいほうがいいでしょう。腕《うで》や指の筋肉を大きく使うことになるからです。

とくに頭を整理したいときは、小さなメモ用紙に収まるような文字量であっても、A4などの大きな用紙を広げて、ザックリと書いていくのがおすすめです。手の運動量が上がれば、そのぶんさまざまなことに思い巡《めぐ》らすための刺激《しげき》になるし、ひとつの「体験」として印象に残りやすくなります。

たとえば「宿題がイマイチ気乗りしないので、リストアップしてから取りかかろう」といったときは、手帳やメモ用紙に書ける量でも、あえてコピー用紙を取り出し、大きな字で、まんべんなく埋《う》まるように書いていく。

そのほうが「よし、しっかりリスト化したぞ！」という満足感があって、前向きな気持ちが起きやすくなるでしょう。

手書きで「ごちゃごちゃ整理」

宿題をリストアップしたり、休日の予定表を作ったりするのは、ちょっと面倒《めんどう》くさい、やる気がしない、という人は「素直《すなお》な願望《がんぼう》」を書いてみましょう。

たとえば、机に向かったものの頭は働かず、体もなんとなく重い……。こういうときは、紙を取り出し、大きな字で「ねむい！」と書く。解決にはなりませんが、けっこうスッキリします。

疲労《ひろう》なのか眠気《ねむけ》なのか、はたまた空腹か食べすぎか。自分でもハッキリしないダルさの原因に、ひとつの答えを与《あた》えたことになるからです。「ねむい」と書かれたメモを見ると、他人の問題のように眺《なが》めることができる。その結果、「あとでちょっと横になろう」とか「今夜は早く寝《ね》よう」とか、冷静な思考ができるわけです。

これ、バカみたいと思うかもしれませんが、私もたまにやっています。見られると恥《は》ずかしいから、なるべく人目のないところで。

うまいものが食べたい

仕事にイマイチ集中できない。ハラも減ったし眠気も感じる、いやそれ以前になんだか気が晴れない……というとき、コピー用紙（裏紙）を広げる。そして、

ゴロゴロしたい
遊びに行きたい

と、お正月の「書き初《ぞ》め」のようにペンを振《ふ》るう。

そのメモを見ると、自分を客観視《きゃっかんし》できて（というかバカバカしくなってきて）、衝《しょう》動《どう》がけっこう和《やわ》らぐ。その結果、「よし、週末に遊びに行く予定を立てよう」といったふうに気持ちを切り替《か》えられるわけです。

手書きで「イライラ制御《せいぎょ》」

もっと心が乱れている場合、つまりイライラ・モヤモヤを感じるときは、「叫《さけ》び」を書きなぐってみましょう。

壁《かべ》に皿を投げつけたり窓からテレビを投げ落としたり、といった行為《こうい》は現実にはできませんが、紙に書くのは自由です。ネットに書くと大変なことになるような本音《ほんね》でも、紙に書いてからちゃんと処分《しょぶん》すれば、なんの問題もありません。

むしろ、激しい感情を制御し、落ち着きを取り戻《もど》すことにつながります。

今日こそは後回しにしていた課題の作文に取りかからなくちゃいけない。提出は明日だ。でも、本気でイヤだ。与えられたテーマはまったく乗り気じゃない。いや、だからこそさっさと終わらせたい。だけど……。

こんなときは大きめの紙を広げて、

面倒《めんどう》くせえぇぇ――――――ッ!!

と書いてみる。まわりにだれもいなければ、書きながら口に出してみてもいいと思います。これは大声で叫ぶことの代償行為《だいしょうこうい》なので、大きな字でハッキリと書くのがコツです。手が疲《つか》れるくらい力を込《こ》めましょう。

騙《だま》されたと思ってやってみてください。できれば、もっと具体的に「××なのが耐《た》えられない」「□□ってアホか！」と書けるとさらに良いでしょう。単なる感情の発露《ろ》ではなく、書くことによって自己認識《じこにんしき》も深まるからです。

このメモは問題を直接的に解決するものではありません。面倒くさい課題は、何百回見ても面倒くさい。しかし、その嫌悪感《けんおかん》が扱《あつか》いやすくなるというか、なんとか飼いならせる程度になる。そのような変化をもたらすきっかけになるのです。

たとえ少しでも気持ちを整理できれば、閉塞感《へいそくかん》も和らいでいくでしょう。

手書きで「自己コントロール」

メモの基本形の最後は「目標」です。

それほど頭もごちゃごちゃしてるわけじゃないし、イライラするようなこともない。

しかし、イマイチやる気に火がつかず、集中できない。なんとなくボンヤリしてしまう……。

そんなときは、標語《ひょうご》やスローガン、応援《おうえん》、掛《か》け声など、とにかく自分を鼓舞《こぶ》するようなメッセージを書いてみましょう。頭の中だけで処理しようとするより、手を使ったほうが目標がハッキリして、前向きな気分が湧《わ》いてきます。

書くと必ず見ます。つまり、メモを作ることは、アウトプット（出力《しゅつりょく》）であると同時にインプット（入力《にゅうりょく》）でもある。「手書き」は自分に号令《ごうれい》をかけるためのもっとも手軽なアプローチなのです。

たとえば、私の職業はライターです。好きで始めた仕事なのですが、朝にデスクに向かうとき気が重くなることがよくあります。「本当に完成するのかな」とか「この原稿《げんこう》、つまらないのでは……」とか、つい後ろ向きなことを考えてしまったりする。

こんなときは、仕事を始める前に、コピー用紙を広げて次のように書きます。

書くのは楽しい！　楽しく書こう！

メモは何を書いてもいい

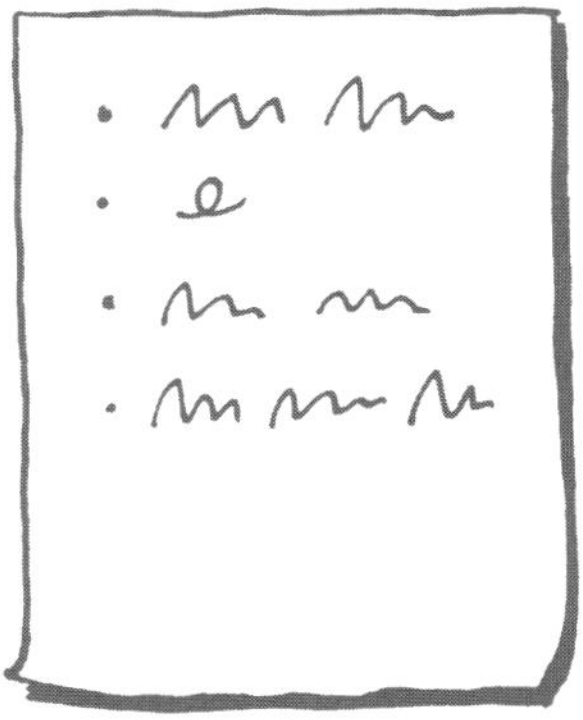

- したいこと
- いま抱《かか》えている思い
- 目標
- 持ち物リスト
- ToDo（やること）リスト

☑○○○

☑△△△　　　　…etc.

メモは用事が済めば捨ててOK

ちょっと恥ずかしいけれど、効果はあります。

好きで選んだ仕事をやっているんだから楽しいはずだ、つらいだのしんどいだのとボヤくのはおかしい、と。自分で自分に言い聞かせるわけです。

このバリエーションとして「早く終わらせて遊びに行く！」「完成させて△円GET！」という具合に、わかりやすい報酬《ほうしゅう》をチラつかせる手もあります。うまく気持ちを切り替えられないときは、心から納得《なっとく》できるメッセージになるまで何度も書き直します。

このテクニックがもっとも効果を発揮《はっき》するのは、行動の管理です。もし明日の朝、早起きして宿題を終わらせたいなら、布団《ふとん》に入る前に、

6時起床《きしょう》！　30分で宿題を終わらせる！

と意志を込めた字で書いてから、目覚まし時計をセットして寝《ね》ましょう。一種の〝儀式《ぎしき》〟です。目標が心に強く刻《きざ》まれるので、朝起きやすくなります。

手書きメモは、もっとも手軽な自己コントロール法なのです。

第2章

メモで「やること整理」

WORLDLY WISDOM FOR 14 YEARS OLD

「ＴＯＤＯリスト」を作ろう

ここから、具体的なケーススタディー（よくある事例）と、それに応じたメモの技術と効果を語っていきます。

とくに本章では、「ＴＯＤＯリスト」に力点《りきてん》を置きます。

ＴＯＤＯとは「やること」の意味です。抱《かか》えている作業の全体像《ぜんたいぞう》をつかんで見通しを立てたり、こまごました用事や連絡《れんらく》などをうっかり忘れるのを防いだりするのに使います。パッと見てわかるように一覧化しておくわけですね。ほとんどの場合、文章ではなく短い言葉を並べた「箇条書《かじょうが》き」で、済《す》んだ用件は二重線で消したり、チェックマークを入れたりします。

おそらく、だれでも作ったことはあるはずです。小学校では連絡帳に「今日の宿題」のリストを書くように指導されたでしょう。あれも「ＴＯＤＯリスト」の一種です。

ただ、先生が「明日の提出物はこれだけです」と黒板に書いたのを写したリストと、「自分が今日やらねばならないことは……」と、さまざまな用事に思い巡《めぐ》らせながら作り上げたリストとでは、天と地ほどの差があります。書く過程《かてい》でどれだけ頭を使ったか、その回転数がケタ違《ちが》いなのです。

読者の中には、「ＴＯＤＯリストなんて……」と思う人もいるかもしれません。面倒《めんどう》だし、リストアップしたからといって用事は終わらない。なんだか地味だし、クリエイティブな感じもしません。また、器用《きよう》な人ならリストを作らず、頭の中だけで「そうだ、あれもやらなきゃ」と処理していくこともできるでしょう。

それでも、メモで頭を整理する第一歩として、私は「ＴＯＤＯリスト」をすすめます。やることを可視化《かしか》してひとつずつこなしていくほうが、「あれもこれも」と焦《あせ》りながら作業するより、効率的で精神的にもラクだからです。また日々の勉強や部活だけでなく、オフタイムも充実《じゅうじつ》するでしょう。

また、生きている限り「やること」は尽《つ》きることがないので、「TODOリスト」は常に書ける。「手を動かしながら考える習慣」を身につけるためにも有効なのです。

「抱えているもの」の全貌《ぜんぼう》をつかむ

CASE

山のような宿題が……

今日は久しぶりに部活が休み。家でゆっくり遊べるかなー？　と思っていたら、英語と数学の授業でたくさん宿題が出た！　提出期限は2週間後だからすぐ焦ってやる必要はないんだけど、なんだかソワソワして落ち着かない。テレビやネットを見ていても、山のような宿題のことが頭から離《はな》れない！

こういう場合は、一も二もなくリストアップです。頭に浮《う》かんだ用事を片《かた》っ端《ぱし》からすべて書き出す。すると頭がスッキリして、作業もはかどります。

頭のごちゃごちゃに悶《もだ》える不毛《ふもう》な時間は、1秒でも早く終わらせましょう。面倒くさいからといって覚えているものから着手すると、またほかのことを思い出したりして集中できません。あきらめて淡々《たんたん》とTODOリストの作成に入るほうがいいのです。

TODOリストを作れば「あれもやらなきゃ」という混乱した状況《じょうきょう》を収束《しゅうそく》できます。漠然《ばくぜん》とイメージしている「膨大《ぼうだい》な量のやること」が、具体的な数量として認識できるので、心理的にもラクになる。多くの場合、リストアップしてみると「なんとかなりそう」という希望が湧《わ》いてくるものです。その結果、ひとつひとつの用事に取り組むときのパフォーマンスも上がる。

極端《きょくたん》に言えば「リストアップできれば、片づいたも同じ」なのです。

逆に、どう考えても全部はできないようなリストができてしまったら、できるものとできないものに仕分けするか、「明日やろう」と開き直って遊べばいい。こういった合理的《ごうりてき》な判断も、手を動かさないとなかなかできません。

では、具体的にどのようなリストアップ作業をすべきか。

まず重要なことは、コピー用紙など大きめの紙を用意することです。こういうものは、だいたい書いていているうちに当初のイメージより膨《ふく》らむものです。余白《よはく》がたくさん残りそうなくらいで、ちょうどいいでしょう。

紙を広げて最初に書くのは「タイトル」です。これは「やること」や「TODO」ではなく、次のように具体的なものにします。そのほうがリストアップする事柄《ことがら》も思いつくし、数時間後や翌日の自分にも伝わりやすくなります。

・今日のうちに完成させる提出物
・今週中に進めておく課題
・土日にやっておくこと

タイトルを付けたら、いよいよ書き出していきます。これも紙を大きく使いましょう。TODOの項目は1行1個にしておく。ひとつの行にいくつも入れると、数量を把握《はあく》しにくくなってしまうからです。

このように、タイトルの下に箇条書きを並べるのは、もっともシンプルで作りやすい「リストの基本形」と言えます。

さて、ここで重要なのは「作業のネーミング」です。具体的でイメージしやすく、しかも取りかかるときに心理的抵抗《しんりてきていこう》を感じないような名称《めいしょう》をつける必要があります。これは使う人の感性《かんせい》にもよるけれど、「英単語暗記」よりも「WORDカード」「英語の書き取り」としたほうが、少し気がラクになるのではないでしょうか。

逆に、やってはいけないのは、抽象的《ちゅうしょうてき》にまとめてしまうことです。たとえば、ある作業に「学校の宿題」というネーミングをするのは厳禁《げんきん》。全体像《ぜんたいぞう》や数量が見えないことが大問題

です。しかも、いかにも「後回しにしたいもの」「イヤイヤやるもの」といったニュアンスを帯《お》びてしまっている。

たとえば、次のように作業を分割したりネーミングを変更《へんこう》したりすると「ちゃんと取り組めば終わらせられそうな雰囲気《ふんいき》」を持たせることができます。

学校の宿題→数学ワーク×ページ／英音読15分／漢字ドリル△ページ
部屋の掃除《そうじ》→デスクの整理／教科書の片づけ／服をしまう
部活の連絡→△△にLINE／○○のメッセージ送信

あとは各個撃破《かっこげきは》です。ポジティブな気分が消えないうちに、5分でもいいから手をつけよう、としか言えません。

具体的なイメージが持てて、かつ抵抗なく取り組めそうなネーミングができれば、もはやそれは脅威《きょうい》ではありません。反対に「見るのも苦痛《くつう》」というリストができてしまったら、ネーミングを再考《さいこう》して作り直しましょう。

TODOリストはただの備忘録《びぼうろく》ではありません。ただ用事を書き出すだけなら、だれでもできる単純な作業に思えます。けれども、「ちゃんと機能するTODOリスト」を仕立て上げるのは、かなり頭を使う創造的《そうぞうてき》な行為《こうい》なのです。

大小さまざまな作業に、ウンザリする課題、ややこしい案件《あんけん》を思い浮《う》かべ、それぞれをパッケージした上でふさわしい名前をつける――。これこそ、「主題に向かって頭を働かせること」の第一歩なのです。

安心を生む「休日用TODOリスト」

CASE

「先延ばし」で大ピンチ！

土日を入れて3連休。のんびりリフレッシュしつつも、休み明けの授業で提出物があるから着実に進めておかなくちゃ……、と思っていたら、もう明日は学校だ！　早め早めに、と思っていたのに。平日は授業からの流れで緊張感《きんちょうかん》があるんだけど、休日、家にいるとついダラけてしまうんだよなー。


「先延ばし」は、人間の性《さが》と言っていいでしょう。

これを100％克服《こくふく》することは不可能です。かといって完全にあきらめるのではなく「少しでもマシな成果」を求めていきましょう。たとえ1個や2個でも「明日やればいいか」という考えに陥《おちい》るのを防いでいくような仕組みを作る。メモを使えばそれができます。

風邪《かぜ》の特効薬《とっこうやく》はないけれど、食事・睡眠《すいみん》・栄養に気をつければ、ある程度は体調を取り戻《もど》せる。先延ばしに対するTODOリストは、そういった対症療法的《たいしょうりょうほうてき》なアプローチと言えるでしょう。

さて、今回のようなケースを避《さ》けるには、休日でもTODOリストを作ることです。

できれば、連休中でも毎朝リストアップして「抱えている課題」を目に見えるかたちにしておくのがいいでしょう。

せっかくの休みなのに……、と思うかもしれません。その通りです。オフタイムなのにバリバリ用事をしていたら休息《きゅうそく》にならない。

そこで、私は次のような提案をします。

「リストアップはするべきだが、作業そのものはやらなくてもいい」

たとえば、こんなTODOリストを作ったとします。

3連休のうちにやっておくこと

□部屋の片づけ
□机の引き出し整理
□使用済みプリントを捨てる
□塾の問題集（8ページ）
□英語の音読（4ページ×3日）
□社会科のレポート
□数学のプリント

そして連休中に「片づけでもやるか……」という気分になったら、引き出しやプリントの整理をする。そして終わったらチェック済みの「レ点」を入れる。

もし、友達と遊んだり家族で出かけたりすることになって、「そんな時間はなさそうだ」と思ったら、「片づけ系」はすべて二重線で消す。3日目までダラダラしてしまって時間がなくなったときも、片づけのような「後回しにしてもなんとかなるもの」を消します。

わざわざリストアップしておいて着手しない、というのは無駄《むだ》で怠惰《たいだ》に思えるかもしれません。

しかし、手書きしながら「片づけ」の作業をイメージすれば、その具体的な段取りから必要性・緊急性《きんきゅうせい》について思い巡らせることになります。その結果、「次の休みにやればいい」と判断する。これは、ベストではないけれど「じゅうぶんな成果」と言えるのではないでしょうか。少なくとも「散らかった部屋をなんとかしなきゃ……」

といった漠然とした悩《なや》みや焦《あせ》りとはおさらばできます。

無理なものは無理なわけで「できなかった……」とクヨクヨしても仕方ない。リストでスパッと気持ちを切り替《か》えましょう。

つまり、TODOリストは作ることに意義《いぎ》があるのです。

作業を具体的にイメージし、ふさわしいネーミングを与《あた》え、1枚の紙に落とし込《こ》む。この過程によって、抱え込んでいるものの全貌をつかみ、心理的な負荷《ふか》を下げ、正体のわからない不安感を消し去る。これでじゅうぶんだと考えましょう。

リストによって「やるべきこと」を必要なタイミングでこなしたい！　と思う人もいるかもしれません。しかし、それは「完璧《かんぺき》な人間になる」と言っているようなものです。手書きを通じて頭の整理ができ、10の課題のうち3でもクリアできれば御《おん》の字としてください。

もちろん目標は達成するに越《こ》したことはないけれど、「達成率」のようなことは気にしないほうがいいと思います。だいたい気に病《や》む結果になるからです。それより、人間の弱さを直視《ちょくし》し、素直《すなお》に受け入れ、対処《たいしょ》していきましょう。

必殺の「抜粋版《ばっすいばん》ＴＯＤＯリスト」

CASE

あれも、これも

宿題はたまっているけれど、今日しっかりやればじゅうぶん間に合う！　はずだったのに、できないまま夕方になってしまった。英単語の書き取りをやっていると数学が気になり、数学の問題集を始めると英語が気になる。理科と社会の定期テスト対策もやっておかないと大変なことになるし……。ああ、ちっとも集中できない！

ここまで、宿題や休日の「やること」など、作業に取りかかる前や、１日の始まりに作るようなＴＯＤＯリストの話をしてきました。

しかし、リストは作って終わりではありません。

チェックを入れたり書き加えたりするだけでなく、「うまくいかない」と思ったときは、何度でも作り直しましょう。繰《く》り返しているように、メモは「作る過程」そのものに意味があるからです。手間をかけて作り直せば、それだけ頭の整理になり、段取りのイメージもできてきます。

とはいえ、「今日やること」というリストを一から作り直すのは、時間もかかるし大変ですね。

そこで提案したいのが、直近《ちょっきん》のことだけを扱《あつか》う「抜粋版ＴＯＤＯリスト」です。「習い事の時間までに」「夕食までに」「午前中に」といったように、局面《きょくめん》ごとに「やっておきたいこと」を少しだけ書き出してから、処理していきます。

たとえば、塾に出かけるまであと90分という場合、10個も並べても到底《とうてい》クリアできません。そこで、次のように「今日やること」の中からできそうないくつかを選んで、リストアップしてみます。短いものなので、小さな紙でもいいでしょう。

19：30の外出までにやる
□部活のLINEに返信
□明日提出の英作文
□社会科のプリント

要するに「いまは、これさえやればいい」という状況を作るわけです。

1時間しかないのに「今日やること」を眺《なが》めるとウンザリしてくるけれど、これなら、ほかの用事をいったん頭から追いやることができる。すべて忘れて、とにかく目の前の課題に集中すればいいわけです。

たったこれだけのことで、心理的な負荷がぐっと下がります。

私はいつも、1日の始まりに「今日やること」をリストアップしながら、ついでに

「午前中にやること」のTODOリストを作ってしまうことにしています。そして、ランチタイムが近づいてきたら「昼休み中《ちゅう》にやること」というリスト（簡単に済むようなこと）を書いてから、休憩に入る。午後も同様に、なるべく直近の期限を設定してから、手をつけていくように心がけています。

これは、頭の整理だけでなく「仕切り直し」の効果もあります。ところどころチェックの入った長いTODOリストを使い続けるより、シンプルで新しいもののほうが、気分が乗りやすいのです。何時間も前にリストアップした「今日やること」より、いま書いたばかりの「これからやること」の短いメモを見るほうが、前向きな気持ちになる。ささやかなリフレッシュ法とも言えます。

いったん書き上げたTODOリストの作業をいくつかに分割したり、ネーミングを変更したりするのはけっこう面倒だし、紙も書き込みだらけになってしまいます。しかし「抜粋版TODOリスト」なら、ほとんど手間はかかりません。

作業のリストアップをしてから取りかかるのは、そもそも「あれもやらなきゃ、これもやらなきゃ」といった混乱状態を収束させるための手法でした。その上で、「目の前の課題」だけを抜《ぬ》き出すのは、さらに集中度を高めるための工夫《くふう》です。

「面倒くさい」を手なづける

CASE

部活の自主トレ

夏休み。部活もしばらくないけれど「これだけは、ちゃんとやっておくように!」と顧問《こもん》の先生が自主トレーニングのメニューを作ってくれた。毎日、スクワット・腹筋・腕立《うでた》てをそれぞれ×回。強くなるためには練習だけじゃなくて筋トレも必要なことはよくわかっている。うーん、でも、なんか面倒くさくて……。

1章で書いたように、手書きは自分の頭からのアウトプット（出力《しゅつりょく》）であると同時に、頭へのインプット（入力《にゅうりょく》）でもあります。

単純に「何かを書くと、それを必ず目にすることになる」という話でもあるけれど、手書きの場合は、そこに強い主体性《しゅたいせい》があります。自分の頭にあることを自分の筋肉と筆跡《ひっせき》で文字にすると、その過程で、ぼんやりしたイメージが輪郭《りんかく》を持ち、具体的なかたちで印象に刻《きざ》まれるわけです。

つまり、目標がクリアできている様子を具体的に想像できれば、実際の行動につながりやすくなる。運動でいう「イメージトレーニング」のようなものでしょうか。

この「できるイメージ」を持つために、手書きを使いましょう。たとえば、次のように自主トレを日常スケジュールに乗せてみます。

毎日の自主トレ

・朝起きて即座《そくざ》に「スクワット20回×2セット」

・昼ごはんの前に「上体起こし20回×2セット」
・お風呂《ふろ》の前に「腕立て20回」

全メニューをいっぺんに終わらせたほうがラクなのでは、と思う人もいるでしょう。ただ、「面倒くさくてやる気がしない」といった場合には、できるだけ小分けにして着手しやすくするほうがいいのです。「これくらいなら、やってもいいか」と思えるレベルにしてください。さらに、食事や風呂など、いちいち場面を設定することでイメージを具体化し、欠かせない行為と連動させることによって強制力を働かせます。

じつは私も毎日、このメニューのような筋トレをしています。かれこれ6年くらい続けている習慣なので、わざわざ書き出さなくても忘れることはありません。それでも、ほぼ毎日「食事の前に筋トレ！」とメモを作ったり、「帰宅後すぐやること」に盛《も》り込んだりしています。

スクワットや腕立て伏せが楽しい、なんてことはない。それでも「帰ったら筋トレをやる」と書くと、覚悟《かくご》が決まるというか、実行するときの意志力が少なくて済みます。もしメモを書かないと、ずるずると後回しになって、寝《ね》る前に半泣きでやる羽目《はめ》になってしまうでしょう。

ただし、このような回路《かいろ》を作るには、ある程度は試行錯誤《しこうさくご》が必要です。どのようなメモを作れば「これならできそう」「見通しが立った」といった気分を醸成《じょうせい》できるのか、どんなタイミングなら心理的な負荷がなく実行に移せるのか、自分なりのトライ&エラーを重ねてください。

そのためにも、まずは失敗してもいいからメモを作ってみることです。そして次の日、書いた通りにできなければ、再考して作り直す。それでもダメなら、さらに改良版を作ってみる。このように、リメイクを繰り返せば、計画メモの実効性《じっこうせい》は少しずつアップしていきます。同時に、何度もイメージやシミュレーションを重ねることで、だんだん苦手意識がなくなり、御《ぎょ》しやすいものになっていく。

手書きによって、面倒くさいノルマも徐々《じょじょ》に手なづけていくことができるのです。

第3章

メモで「計画を立てる」

プランや段取りは「紙の上」で

先ほどまで、TODOリストの作り方や有用性《ゆうようせい》を語ってきました。

続いて、この章では計画や段取りを立てたり、うまく時間管理をしたりするためのメモを紹介《しょうかい》していきます。

スケジュールに追われていたり、大きな課題や提出物の期日《きじつ》が迫《せま》っていたりといった場合に、予定通りに段取りよくものごとを進めるための「計画メモ」です。

予定やスケジュールと聞くと、多くの人はカレンダーや手帳に行事や習い事の日程を書き込《こ》んだりするのを想像するかもしれません。

頭を整理し心を落ち着けるための計画メモは、そういうものとは別物です。日付が入った用紙も手帳も要《い》りません。ただ白い紙を取り出して、今日や明日、来週といっ

た、具体的なイメージがおよぶ範囲《はんい》の用件をリストアップしていくだけです。

これで、差《さ》し迫《せま》った状況《じょうきょう》が整理され、気持ちに余裕《よゆう》が出てきます。あわててミスをすることもなくなり、余計《よけい》な心配がなくなる結果、集中力もアップする。

手を動かしながら具体的な段取りをイメージし、「この通りにやればできる」「むやみに焦《あせ》る必要はない」と自分を安心させる。その結果、作業のパフォーマンスも上がるわけです。

忙《いそが》しいときほど「急がば回れ」です。ゆっくり呼吸をして状況を把握《はあく》し、冷静に対《たい》処《しょ》していく。「うわー、時間がない！」と叫《さけ》びたくなったら、すぐに紙とペンを手に取る癖《くせ》をつけましょう。

出口が見える「直近《ちょっきん》プラン」

CASE

次々と発生する作業

今日は19：30から塾《じゅく》。それまでに食事と風呂《ふろ》を済《す》ませておかないと……。あ、まだ明日の授業の用意をしてなかった。教科書とノートと、あれ、問題集はどこに——うわ！「△ページまで解いておく」っていう宿題があったのか！くそっ、どう考えても寝《ね》るまでに全部クリアするのは無理じゃないか。ああ、どうしよう？

本書に出てくるケーススタディーには、長女（当時中2）のインタビューを元《もと》に作ったものが含《ふく》まれています。

どうやら娘《むすめ》に限らず、昨今の中高生は学校から帰ってきたら布団《ふとん》に入るまでひたすら時間に追われているようで、ちょっと気の毒です。自分が学生だった頃《ころ》は、もう少しのんびりしていたような……。

と、そんなことを言っても仕方ないので、このようなケースにおける「手書き」の対処法を紹介していきましょう。

まず、このように時間に追われているときは、次のような「直近の計画」のメモを作ってみることです。TODOリストとは違《ちが》って、数時間先までの「やること」を時系列で書き出したもの。2、3時間ほどのリアルにイメージできる範囲《はんい》にするのがコツです。

塾に行くまでの計画
16：00　机の片づけ、カバンの整理、ゴミ捨てなど
16：30　数学の問題集45分＋休憩《きゅうけい》15分

17：30　英語のテスト対策（30分）
18：00　夕食→風呂→着替《きが》え
18：30　テキストなど準備・トイレ
18：45　外出！

とにかく、目前のことだけをプランニングしてください。夕方なら「夕食までの計画」、夜なら「寝るまでの計画」といった具合です。

予定というものは、長期になればなるほど狂《くる》ってくるものだからです。

もし昼間に、夜寝るまでの計画メモを作ったとすると、塾からの帰宅時刻が遅《おそ》くなったり、スマホに友達からのメッセージが来たりといったちょっとしたことで、予定が実現できなくなってくる。せっかく考えたプランが壊《こわ》れてしまうと少しイラつくし、自分の中の〝士気《しき》〟も下がってしまいます。

しかし、まだ計画を立てていない段階ならば、電車が遅《おく》れようと授業が長引こうと、ダメージはありません。

また短期の計画なら、イメージ通りになりやすいのもいいところです。たとえば、この「塾に行くまでの計画」をさらに短期化し、「夕食までの計画」のメモにすれば、もっと予定通りになりやすくなります。

手帳のスケジュール欄《らん》は、１時間や30分単位になっているけれど、白紙に書くメモならもっと自由に設定できる。たとえば、５分や10分単位のプランニングをしてもいいのです。それが目先のことだけの短い計画であっても、「構想の通りに進んだ」という達成感は心地いい。「自己効力感《じここうりょくかん》」とでも呼べばいいのか、ささやかな自信につながります。

この計画表もＴＯＤＯリストと同様に、頭の整理を目的としたものです。実現できそうなプランを立てることで、雑音や心配を遠ざけるといった効果も大きい。だから「手を動かすことに意義《いぎ》がある」「達成率は問わない」とい

った言い方もできます。

しかし、せっかくなら、ぜひ「これなら簡単」「絶対できる」と思えるくらいの計画メモを作って、クリアする経験を重ねてください。もし「うまくいくかな?」「これは無理かも……」と心配になったら、もっと短く区切って、目前の課題だけにクローズアップしたプランを作り直しましょう。この作業を繰《く》り返すことで、プランの整理度も上がっていきます。

時間管理に慣れていなかったり、調子が上がらないときは、簡単すぎるくらいの計画を着実にクリアしていってください。

そんな経験を重ねることで、そのうち「今回もできる」「できて当然」といった感覚が生まれる。これが自信につながり、その自信がさらに計画の実現を後押《あとお》ししてくれるわけです。

休日でも、漠然《ばくぜん》とダラダラして時間を無駄《むだ》にしているように感じるなら、「土曜日の計画」や「3連休のプラン」を書いてみましょう。数分ほど手を動かすだけで、休日の過《す》ごし方にもメリハリが出てきます。

しょうもない話に聞こえるかもしれませんが、1時間後、3時間後……と、直近の予定を延々とつなげていくと、最終的に「生涯《しょうがい》」となります。

目先の「計画メモ」は人生の充実感《じゅうじつかん》にも関わってくるのです。

「チェックリスト」で準備OK

CASE

いつも時間に追われてる……

今日は授業が終わったらすぐ部活、そこから家に帰って英会話に行くまで、空き時間は1時間ちょっとか……。これは休憩《きゅうけい》したら一瞬《いっしゅん》で終わるから、帰宅後すぐ宿題だな。で、英会話から帰ってきたら21時すぎ。もう自由時間どころか、寝るまでに明日の用意をするのが手一杯《ていっぱい》なわけで。はぁ、本当に忙しい……。

部活がある日の持物チェックや、毎週△曜日の習い事など、定期的に発生する決まりきった「やること」。いわゆる「ルーティン」と呼ばれるものですが、こういうものは「チェックリスト」で段取りをつけていくようにしましょう。頭の中だけで処理するより、手を動かしたほうがラクだし、ミスも防げます。
たとえば、次のようなシンプルなものでOKです。

英会話教室の持ち物リスト
□電子辞書
□テキスト
□筆箱
□水筒《すいとう》
□折り畳《たた》み傘《がさ》

□家のカギ

これは、使う度《たび》にゼロからメモを作ってもいいし、慣れてきたら同じものを何枚もコピーしておくのも手です。

とくに持ち物リストは、使わないものが入っていたり、あとで書き加える必要が出てきたり、といった具合に、必ず過不足《かふそく》があるものです。最初のうちは、予定を具体的にイメージしながら手書きするようにしてください。

ルーティンの「持ち物リスト」があれば、外出前の身支度《みじたく》がラクになります。定期テスト期間中の朝は「テスト前の確認リスト」を使うようにすれば、心配は少なくなり、うっかりミスも予防できるでしょう。

そして、帰宅後に使わなかったものを思い出して「更新《こうしん》」する。このひと手間は大切です。サボると「どうせ必要ないものが含まれているから」とリストを真面目《まじめ》に確認しなくなり、失敗につながってしまいます。

コルクボードや冷蔵庫などに、使用済みのチェックリストを留《と》めておくのもいい方法です。そして、しばらくして同じような状況になったら、以前使ったチェックリストを広げて、必要に応じて書き写しつつ「新作」を作りましょう。

この新作リストも使用後に保管しておけば、次のチェックリスト作成がラクになる。また、この作業を繰り返すうちに、必要最小限のスリムなリストが実現できます。項《こう》目《もく》が10も20もあると確認が面倒《めんどう》になってくるので、なるべくひとケタになるように削《そ》ぎ落としていきます。

何も思い浮《う》かばない人は、「月曜朝の持ち物リスト」「テスト前日のチェックリスト」といった基本的なものから作ってみてください。

何回か使っているうちに過不足のないリストになってくるので、あとは複製《ふくせい》して、出かける前にチェック。これだけで、しょっちゅう時間に追われたり、むやみに焦ったりするのを予防できます。

大きな課題に「工程《こうてい》メモ」

CASE

計画的な進行って？

数学の先生から「問題集のうち、今学期の範囲をすべてやっておくように」と言われた。提出日はちょうど期末テストの前だ。試験対策にもなるわけだから大事な課題だとはわかっているんだけど、提出が1カ月先となると、なんだか緊張《きんちょう》感《かん》が……。みんなは一体、どんなふうにやる気をキープしているんだろう？

差《さ》し迫《せま》っていない〆切《しめきり》は、逆にやっかいです。

明日や明後日なら、じっくり段取りを立てているひまはないので、とにかく手をつけることになる。そして、できるところからやっているうちに、なんとなく道筋《みちすじ》が見えてきます。

ところが「3日後に提出」「1週間後に発表」といったことになると、だいたい序《じょ》盤《ばん》が、手をこまねいているだけで「何もしない日」になってしまう。夏休みの宿題やレポート課題などの提出物のほか、演劇のセリフを覚えたり、練習曲をマスターしたり、といった課題も近いものがありますね。

毎日少しずつ、無理のない日程で仕上げるためのツールとして、カレンダー型の予定表があります。1日のノルマを決めてクリアしていけば、〆切の前日に仕上がるといったものです。しかし、だいたいそうはいきません。期日に余裕があることは自《じ》覚《かく》しているので、つい甘《あま》くなってしまうのです。

「1日10ページ」と決めても「今日は疲《つか》れたから6ページにしよう」「明日20ページやればいいか」という具合に計算は狂っていき、予定表はそのうち見向きもされなくなっていく。また、レポートやテスト勉強といったものは、問題集のページや英単語の数のように明確にカウントできないので、さらに予定を立てるのが難しい。

「期末テスト対策」を10日間の作業に分割し、毎日ノルマをこなしていく、というのは口で言うのは簡単でも、実際やろうとするとひじょうに困難なオペレーションです。少なくとも私にはできません。

こんな場合には、「日程」はひとまず脇《わき》に置いて「工程」から整理してみましょう。次のように1カ月のあいだにやるべき作業を、できるだけ細かく分ける。その上で「着手《ちゃくしゅ》すべき順」に並べてみるのです。

問題集から今学期の復習（期末テスト対策）

1　テスト範囲の確認
2　問題集から該当《がいとう》ページを探す（リスト化）
3　ページ数をカウント（「1日△ページ」の目星《めぼし》をつける）
4　「すぐにできる問題」からスタート！
5　「苦手な問題」に付箋《ふせん》を貼《は》っていく

最初のうちは単純作業で、だんだん本格的な「勉強」になっていくようにしました。大きな課題というのは、序盤や立ち上げに多大なエネルギーを使うので、「簡単すぎる」というくらいのことから手を付けるのがコツです。そのうちに自分の中で「機《き》運《うん》」が盛り上がってきます。

この工程メモにおける「順番」は、あくまで「仮」なので、とりあえず気軽に付けてみましょう。違和感《いわかん》があれば何度でも並べ替えたり、書き直したりしてください。

また、日程が迫ってくるうちに、通用しなくなってくるケースもあります。そんなときは何度でも「作り直し」をしましょう。メモ作りを通じて、工程を具体的にイメージすることになり、「どれくらい労力《ろうりょく》がかかるのか」「どの程度の時間が必要になるか」といった見通しが立つようになる。精神的な辛《つら》さも和《やわ》らぎます。

この「工程メモ」は、複雑で面倒な作業に挑《いど》むときの「奥《おく》の手」です。

やっかいな課題といえば、ほかにもレポートや感想文といった作文系の課題があります。こちらは先ほどの問題集のように、作業量が明確にカウントできません。「あと△ページ」というゴールまでの道筋が見えないので、手をこまねいて時間を無駄にしてしまうことが多い。

このような「何から手を付ければいいのか、わからない」という課題に対処するときも「工程メモ」をつくってみましょう。全体像もハッキリしない大きな課題は、次のように想像のおよぶ範囲で作業を書き出してみるのです。

レポート作成の工程表
1　タイトル案×３
2　導入《どうにゅう》テキスト（２００字）
3　参考文献《さんこうぶんけん》に付箋を貼る
4　引用文の入力
5　骨子《こつし》・構成リスト作成

これも、手を動かすことに大きな意味があります。

作業をイメージせずに工程は書けないので、メモ作業は簡単なシミュレーションとなる。この過程《かてい》を経《へ》れば、おぼろげだった段取りはイヤでも具体的になってきます。

このメモを作っただけでは、まだ成果は得られません。しかし、膠着《こうちゃく》を破り、作業を少し前に進めることはできる。もし、文章をつづろうとしても何も思い浮かばないなら、本に付箋を貼ったり引用できそうな文章を入力したり、といった作業をすればいいわけです。

こんなふうにジタバタしつつ手を動かしていれば、そのうち、「書き出しはこうしたらイケるかも……」「この言葉を入れたい」という具合に、ピンとくる瞬間《しゅんかん》が出てくるはずです。昨日、歯が立ちそうにない課題を前に、ため息をつきながらメモを作ってみたことによって、今朝《けさ》、試してみたい切り口が見つかる。こういうことも、よくあるのです。

手順がイメージできない場合は、単純に大きな作業を細かく分割していくだけでもいいでしょう。

2章で述べたように、作業にぴったりのネーミングをして並べ上げていくだけでも、工程メモを作る下地《したじ》になります。リストを作って処理したり、書き加えたり消したりするうちに段取りがイメージできそうになってきたら、かなり「温《あたた》まっている」と言えるでしょう。

それでも難しい、手も足も出ないというときは「カード整理」です。「引用箇所《いんようかしょ》を選ぶ」「タイトル案」のように分割した作業を、手頃《てごろ》な大きさの紙（A6用紙や名刺《めいし》大のカード）にどんどん書いて、カードゲームのように机の上に並べながら手順を考える。さらに「すぐできるもの」「時間がかかるもの」「後回しでいいもの」というふうに分類したりしながら、取りかかりの糸口《いとぐち》を探します。

この手法はすごく面倒ですが、「手書き」に「カードの操作《そうさ》」が加わることで、たくさん手を動かすことになる。結果的に、より頭を回転させることになり、ひとつひとつの課題の具体化と可視化《かしか》が進みます。行き詰《づ》まったときは、だまされたと思ってやってみてください。そして「できそう」「なんとかなるかも」という気がしてきたら、その火が消えないうちに、1枚の「工程メモ」に落とし込んでしまいましょう。

書き上げた工程の通りにやれば、きっとできる、といった感触《かんしょく》があれば、モチベーションを高く保《たも》つことができます。

充実感を生む「ゆるい計画表」

CASE

有意義《ゆうい ぎ》な時間？

この週末は、めずらしく宿題に追われることもなくのんびりできたなぁ。自分の時間がたくさん持ててよかったけれど、もうちょっと外に出かけるとか、早めの定期テスト対策をしておくとかすればよかったような気もする。そのほうが胸

を張って「有意義な休日だった」って言えたんじゃないかな……。

2章で「休日でもＴＯＤＯリストを作ったほうがいい」という話をしました。「何か忘れているんじゃないか?」といったふうに感じてしまうと、なかなか気が休まらないからです。

ここでは、さらにオフの日の充実度をアップさせるために「ゆるい計画表」を作ることをすすめます。ＴＯＤＯリストは、作ることで心を落ち着けるためのものであって、作業そのものは「やらなくてもいい」と述べました。対して、こちらは基本的に「書いた通りに行動するもの」「達成するためのもの」です。

計画と言っても大したものではありません。次のような、ザックリとしたものでじゅうぶん《ゆ》です。朝ごはんを食べて一息ついたら、コピー用紙にまとめてみましょう。

【本日11／23（祝）の計画表】

●9：00－12：00　自由時間（180分）

・ドラマを最後まで見る

・借《か》りたマンガを読み切る

・机の上を片づける

・100均で買い物する

●12：30－13：30　昼食&デザート（60分）

●14：00－15：30　学校関係の用事（90分）

・国語の課題図書を読む

・ダンスの振《ふ》り付けを覚える

・部活用バッグを整理する

●16：00－18：00　宿題&テスト対策（120分）

ポイントは、時間に余裕を持たせておくことです。

この作例で、いくつか空白《くうはく》の時間帯があるのは「予定通りには行かないだろう」という意味です。つまり30分前後のズレはOK。それも「計画通り」なわけですね。

生活指導で使われるような円グラフ型の予定表は、空白があるとマヌケなので、ついギチギチにスケジュールを組んでしまう。そして数時間もしないうちに、実用性《じつようせい》ゼロで「見るのも苦痛《くつう》」な表になってしまいます。

あとは時間内の「やること」を細かく決めすぎないことですね。とくに勉強や宿題は、座《すわ》っていたからといってそれだけ進むとは限らないので、あえて「45分で数学のワーク」「30分で英作文プリント」といったふうには書かないようにする。

休日なんだから気の向くまま過ごせばいいじゃない、自由時間のプランなんていらんだろう、と言われれば、その通りです。しかし、受験や部活動といった結果を問われる立場だ

と、このケースのように「休日の過ごし方」でクヨクヨする人もいるかもしれません。

休日は、ゆるい計画表を作ってクリアする――。これだけでも時間の使い方にメリハリが出て、「有意義な休日を過ごした」という達成感が持てるでしょう。

土日や3連休をなんとなくダラダラ過ごす場合と、1日だけでも「ゆるい計画表」でコントロールする場合。1度だけなら両者にほとんど差はないかもしれません。しかし、何カ月も積み重なってくると、その手応《てごた》えの差は大きなものになります。

「オフタイムを満喫《まんきつ》した」「休日もしっかりやっている」という実感は、自信につながってくるのです。

第4章

メモで「思考を巡らす」

アイデアは「手」から生まれる

前章まで、抱《かか》えている作業を整理したり、段取りを立てて用事を済《す》ませたりするためのメモについて述べてきました。

対してここでは、検討事項《けんとうじこう》やアイデア出しといった「思案《しあん》もの」を前に進めるための技術を語ります。たとえば、社会科の授業でやる発表テーマについて考えたり、文化祭の出し物の案をまとめたり、といったことです。

これは机の片づけや問題集と違《ちが》って、なかなか目に見えない。認識しづらい課題と言えます。

言い換《か》えれば、「考える」という行為《こうい》は難しいのですね。

問題を解いたり答えを出したりするより結果が出にくい。小一時間、机に向かっていたとしても、考えが前に進むとは限りません。

しかし、こういう場面こそ手書きが活躍《かつやく》します。トピックを立てて案をリストアップしてみたり、外出先で「取材メモ」を作ってみることで、「何も浮《う》かばない」といった〝手詰《てづ》まり〟を打開《だかい》することができます。

じつは「思案もの」こそ、手を動かすことがもっとも効力《こうりょく》を発揮《はっき》する分野なのです。序章にも書いたように、手書きによって頭を少しずつ回転させ、考えるべきテーマに深く潜《もぐ》っていくことができる。腕《うで》を組んだり頭を抱えたりする前に、とりあえず紙に何かを書いてみましょう。これができれば、必ず状況《じょうきょう》は変わります。

私も過去に何百回も「アイデアが出ない」「頭がカラッポ!」といった状況を、殴《なぐ》り書きのようなメモを作ることで乗り切ってきました。

何も思い浮《う》かばないままペンを走らせていると、何か出てくる。メモ以前のヘタな図や落書《らくが》きでもいい。それもできなければ、教科書や参考書にマーカーを引くとか、付箋《ふせん》を貼《は》っていくとかでもいい。

とにかく手を動かし続けることが大切です。頭より手で考えましょう!

「トピック式」でスタートアップ

CASE
何から着手《ちゃくしゅ》？

パワーポイントを使ったプレゼンの課題が出た。好きな都道府県を選んで、その理由をアピールするという内容で、発表はひと月後。最終的に何をすればいいのかはわかったけれど、どうやってそこにたどり着けるのか、あまりピンとこない。そもそも好きな都道府県どころか、観光や旅行にもあまり興味ないし……。

人間というのは、必要なことや好きなことについては、自動的に考えるようにできています。

もし朝から何も食べていなければ、昼すぎには食べ物のことで頭がいっぱいになる。

また、いきなり好きな人から声をかけられたら「ひょっとして……」と想像がどんどん膨《ふく》らんでしまうでしょう。べつに「考えよう」と思う必要はない。何かの歌詞《かし》のごとく「あなたのことしか考えられない」となるわけです。

一方、他人から課せられる「考えるべきこと」は、必要でも好きなことでもありません。ただ、レポートや提出物だから考えねばならないだけ。つまり個人の本音《ほんね》の部分では「深く考えるべきもの」ではないのです。

でも、白紙のまま発表はできません。それなりの結果が求められるケースも多いでしょう。

そこで、紙とペンの出番です。手書きによって「どうでもいいこと」を「考えるべきこと」に、一時的に昇格《しょうかく》させる。さまざまな角度から眺《なが》め、じっくり探っていくべき重要なテーマであると、自分自身に思わせる。言ってしまえば〝勘違《かんちが》い〟をさせるわけです。

いちばん手軽な方法が、「トピック式メモ」です。たとえば、このケースならコピー用紙を取り出し、次のように冒頭《ぼうとう》タイトルを書いてみる。

「すぐ思いつく都道府県ベスト10！」

「生活したいのはどんな土地か？」

「好きな作品のロケ地・舞台《ぶたい》リスト」

あとは、その下に思いつく限りのことを書いていくだけ。連想ゲームみたいな感じですね。

もし東京や大阪に続いて、沖縄が出てきたら「そうか、自分は海が好きだから……。ほかに海のきれいな地域といえば」といった具合に考えが広がっていくでしょう。ほかにも「寒いのはカンベンだけど、暑すぎるのもイヤだな」「大都市に近くてのんびりしたところは」とか、書いていると自動的にいろいろなことに思い巡《めぐ》らすことになります。また映画やドラマのロケ地などをリストアップしてみるのも、ネット検索《けんさく》して地図をチェックして……といった具体的な行為につながるのでおすすめです。

あまり、上手《じょうず》にやることにこだわらないでください。「イマイチ発想が広がらない」

という手応《てごた》えも、考えを深めていくための重要な過程《かてい》だからです。

たとえば「生活したい土地は？」とトピックを立てても、何も出てこない人も多いでしょう。親の転勤《てんきん》で何度も引っ越《こ》したり、遠くに祖父母がいたりといったこともなければ、何も思い浮かばないのが普通《ふつう》かもしれません。その結果、「気候がおだやか」「大きな街がある」と書いただけで、手が止まってしまったとする。

それはそれでいい、というのが私のアドバイスです。

書けなかった体験が、考えを前に進めるきっかけになるからです。

トピック式メモを作っても「なんでこんな当たり前のことしか出てこないんだろう？」という結果になった。そのおかげで次に友達と会ったとき「住みたい街」の話になるかもしれません。ほかにも、親が見ている旅番組について「これってどこなの？」と聞いたり、駅のフリーペーパーに「移住するなら△△市！」の特集があるのを発見したりする。

こういうのが、「考えが前に進む」ということです。

私も文章が途中《とちゅう》で書けなくなってしまうことがよくあります。何時間も、書いて消してを繰《く》り返したり、コピー用紙に図や落書きを書いたりしても、何も思い浮かばない。そして「ああ、今日はダメだったな……」とあきらめて寝床《ねどこ》につく。すると翌朝、なぜかおぼろげな見通しのようなものが立っている。おそらく、寝ている間にも無意《むい》識下《しきか》で考えているのでしょう。夢に原稿《げんこう》のことが出てきたのを覚えていることもあります。あまりいい睡眠《すいみん》とは言えませんが。

このような経験があるから、「書けない」と悪戦苦闘《あくせんくとう》するのは意味のあることだと言い切れるのです。

だから、自分に響《ひび》くトピックが立てられなくても、書くことが何も思い浮かばなくても、とにかくメモを作ってみましょう。それが思考のスタートアップになります。

たとえば、授業の発表テーマをゼロから考える場合は、次のように書いてみる。

来週、社会の授業で発表するテーマは?

・日本の少子高齢化《しょうしこうれいか》と人口問題
・社会保障費《しゃかいほしょうひ》と税金の関係
・産業のカギ「半導体《はんどうたい》」とは？
・教育格差《かくさ》について

じつを言えば、トピック式メモを作っている最中《さいちゅう》に「いい案」が浮かぶことは、ほとんどありません。

反対に、ネガティブな気持ちになるケースのほうがずっと多い。ペンを走らせながら「うわ、つまんなー」「こんなの手に負《お》えない」「だれかとカブりそう」とか、いろいろなことを思う。でも、それが大事なのです。

いま頭の中に「いい考え」はない。このことを自分に向けてハッキリと示してやれば、無意識にさまざまなものにヒントを求めるようになる。いつも通学途中に目にするお店の幟《のぼり》や看板《かんばん》から、新たな着想《ちゃくそう》が得られることもあるのです。

普段《ふだん》なら政党《せいとう》のポスターに「消費税《しょうひぜい》を廃止《はいし》に」とあっても何も思わないでしょう。しかし、メモ作りを通じて頭が回転するようになれば、「そんなこと、できるのかな？」「暮らしはどう変わるのか」「そもそもなぜ消費税はできたんだろう？」というふうに考えを広げることができる。

手書きメモが、発想を変えるきっかけになるのです。

輪郭《りんかく》をつかむ「体験取材」

CASE

デザイン課題

美術の授業で陶芸《とうげい》をやることになった。「形もデザインも自由。茶碗《ちゃわん》でもお皿でもいいし、絵をつけてもいいので、当日までにじっくり考えておいてください」とのことだけれど、ぜんぜん思い浮かばない。ま、本当に何でもいいんだろ

うけど、何も決まらないままでは、作り始めることもできないわけで……。

こういうのって困りますよね。

「おまかせ」とか「フリーハンド」とか呼んだりもしますが、注文はあっても具体的な内容はない。要《よう》するに課題がない。それなのに何か案を出さなきゃならない。

何を食べたいか聞かれて「なんでもいい」と答えると、「それがいちばん困る」と返ってきたことはないでしょうか。私の仕事はライターですが「自由に書いてくださ い」と言われると、ため息が出ます。かつてインタビューした建築家も「要望のない注文住宅がいちばん困る」「無茶苦茶でもいいから夢を語ってほしい」と言っていました。

話を戻《もど》しましょう。「なんでもいい」と言われた場合、どうやって発想すればいいのか。先程のトピック式メモのように「お題」や「問い」を設定することも難しい。画用紙に「完成イラスト」を描《えが》いてみよう、と提案するのは簡単ですけれど、それができれば苦労はしません。

こういうときは「取材」をしてみましょう。といっても専門家を訪ねるわけではありません。インターネットでさまざまな食器を画像検索してみたり、有名な陶磁器《とうじき》ブランドのサイトにアクセスしてみたり、または家にある雑誌や図鑑《ずかん》をパラパラめくってみたり、といった具合です。都市に住んでいるなら、百貨店やショッピングモールの売り場に行ってみるのもいい方法ですね。

その上で、次のようなトピックを立ててメモを書いてみる。

「目についたことは？」

「気に入った色や柄《がら》は？」

「ぐっときたデザインは？」

タイトルは、ぼんやりしていてもかまいません。もしネット上の情報収集なら、コピー用紙（裏紙）に、どんどんリストアップしていけばいいし、お店に行くときは小さなメモ帳を持って行き、ベンチに座って印象が鮮明《せんめい》なうちに「体験取材」のメモを作ってしまいましょう。たとえば、次のような感じです。

陶芸課題のヒント探し（△△モールで考えたこと）
・ツルッとした角《かど》のないデザインがいい
・取っ手はつけないようにしよう。失敗しそう
・ブルーやグリーンなど透明感《とうめいかん》のあるカラーで
・真っ黒でもいいかも。シブい！
・ニスをたっぷり使ってツヤツヤに

これも、いいアイデアを出すのが目標ではありません。狙《ねら》いは、たとえ一歩でもいいから考えを前に進めること。つまり「振《ふ》り出し」のための儀式《ぎしき》です。ページ数や文字数で計《はか》れない「思案もの」には、ときにこのような面倒《めんどう》な手続きが必要になってきます。まどろっこしいようですが、結果的に見れば、何日もウンウン悩《なや》んでいるより

早い。輪郭の一部がつかめるだけでも大きな収穫《しゅうかく》です。

では、なぜ「取材」だけでなく、メモを作るのか。

ひとつはもちろん手を動かしながら考えるため。そして、書いたメモを通じてさらに思案を深めるためです。

繰り返しているように、手書きはアウトプット（出力《しゅつりょく》）であり、インプット（入力《にゅうりょく》）でもあるので、作ったメモは印象に残る。すると書いた後でも、無意識のうちに検討作業が進む。その結果、メモを作った次の日に「こうすればいいかも」と新たな着眼《ちゃくがん》や発想が生まれやすくなるのです。思考を醸成《じょうせい》するためには、取材して何か考えるだけでは足《た》りません。「自分が書いたことに自分が触発《しょくはつ》される」といった連鎖《れんさ》によって、考えを加速させていくのがコツです。

着想やアイデアを生み出す行為は、お寺にあるような「鐘《かね》と撞木《しゅもく》」の関係にたとえてみるとわかりやすいでしょう。鐘は「ゴーン！」と大きな音が出るものですが、単独では鳴りません。手で叩《たた》いたくらいではダメで、重い撞木を勢いをつけて叩きつけないといけない。

同じように、人間がものごとを深く考えるときも、撞木の役割をするような刺激《しげき》が要《い》ります。衝撃的《しょうげきてき》な体験や苦労した経験はもちろん、すごい本や音楽なども、ときに「撞木」になる。さらに「鐘」も、大きく響き渡《わた》るものにするためには、日頃《ひごろ》から感《かん》性《せい》や思考力を磨《みが》いておかねばならない、と言えるでしょう。

ところが、「撞木」はそう都合《つごう》よく見つかるものではありません。SNSの投稿《とうこう》や動画を見ても「すごい！」というものがしょっちゅうあるわけではないでしょう。私も本をよく読むほうですけれど、「これは！」と前のめりになるようなものは年に数冊です。

ただ、五感《ごかん》を通じて味わう体験は、目や耳だけの情報よりも「撞木」、つまり考えるための刺激になりやすいとは言える。さらに「取材メモを作ってみよう」というテーマを自分に課《か》すことで、もっと「鐘」が鳴る可能性は高くな

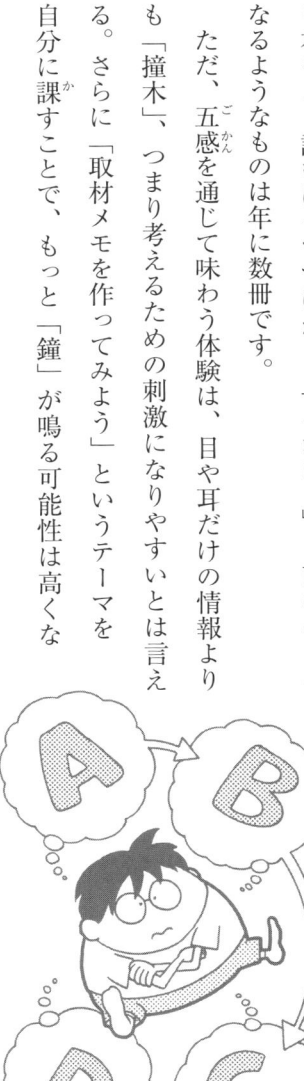

るでしょう。

刺激になる体験といっても、危険な行為をしたり海外に行ったりする必要はありません。どこにでもあるような街やお店であっても、工夫次第《くふうしだい》でユニークな体験にすることができるのです。

鐘をいくらなで回していても鳴りません。それより撞木を求めて外に出ましょう。言い換えれば、オリジナルな発想やアイデアといったものは「自分の中に求めてはいけない」ということです。何も思い浮かばない、何も出てきそうにない、そんなときこそ、ショッピングセンターでも公園でもいいので、ダメもとで外に出て、メモを書いてみる。無理矢理にでも自分が触発されるような状況を作っていくのです。

つかみどころのない課題でも、手書きを通じて肉薄《にくはく》していけば、必ず手がかりは見つかります。

手でも足でも考える

CASE

単元の振《ふ》り返り

英数国などの授業では、いつも単元の終わりに「振り返り」の文章を書くように言われている。先生によれば「何ができて、何ができなかったか」を踏《ふ》まえて自分なりのまとめをするのが大切だ、と。それはわかるけれど、何週間も前にやったことを思い出すのは大変だし、今日やることだけで、もう必死。そこまで頭が回らない！

今度は「振り返って何か書け」という課題です。

これもまあ、当たり障《さわ》りのない言葉を並べておけば簡単なものの、真面目《まじめ》にやるとひじょうに手を焼くテーマですね。

このケースにあるような課題は「思案もの」の極《きわ》め付きと言えるものです。なぜなら、発表やデザインと違って、自分の考えたことをかたちのない「言語」で示さないといけないから。プレゼン資料や陶芸より抽象度《ちゅうしょうど》が高いぶん、考えを前に進めるのも難しくなるわけです。

「今回の単元では」と書いただけで、ピタリと筆が止まってしまった。頭は1ミリも働かず、感想はおろかキーワードすら絞《しぼ》り出せない。こんなときは、過去の文章を書き写したり、引用箇所《いんようかしょ》を探したりするのが定番《ていばん》ですが、手書きもかなり有効です。「トピック式メモ」と「体験取材メモ」の合わせ技で、膠着《こうちゃく》を打開《だかい》するための糸口《いとぐち》を探してみましょう。

たとえば、登下校中や電車やバスでの移動など、「まとまった時間」があるときは、「単元の振り返りに書くこと」というメモを作って、ポケットに入れておく。そして、信号待ちやエレベーターの中など、ちょっとしたときに意識的に見る。そして、できれば頭の中で、「アレはどうだろう?」「コレを中心にして……」と独《ひと》りごとを言ってみる。

立ったままメモする必要はありません。それでも、トピックごとにリストアップできそうなことはないか、いろいろ思い巡らせてみるわけです。いわば手書きメモの仮《か》想演習《そうえんしゅう》であり、イメージトレーニングですね。スマホはカバンにしまっておき、何も思い浮かばないとしても一応は何度かメモを見て、何か口に出してみるようにする。そして落ち着いた状況になったら、「体験取材メモ」のようなかたちで書いてみる。

・帰宅後に、ファイルしてある数学の小テストを確認する。できた（できなかった）ところは?
・英文法の助動詞のところに少し興味を惹《ひ》かれた。これを導入《どうにゅう》にしてみる
・「枕草子《まくらのそうし》」の感想と絡《から》めて、古典の学習成果を書けないか?

これ、一見すると奇妙《きみょう》な行動に見えて、じつはよく使われている手法です。たとえば、試験期間中には単語カードをチラチラ見ながら歩いている学生がよくいます。あれは「単語を思い出す」ための行為ですが、こちらは「課題を思い出す」ための行為。メモを読み返すことで何度も「単元振り返りのテーマで書くことを考える」といったテーマを意識に上らせれば、それだけ考えが前に進むチャンスが増えるわけです。

このメモは見ないと意味がないので、目立つものがいいでしょう。たとえばハガキくらいのカードに大きく書いて、ずっと手に持っておくのもいい。私はこれを家の中でよくやっていて、必死で考えなければいけないケースでは、トイレや風呂《ふろ》の中にも「△△の連載《れんさい》、次回テーマは!?」と書いたメモを口にくわえて行ったりもする。面倒くさい検討事項というのは、つい目をそらしてしまうもので、ここまでしないと意識に上らせることはできないのです。

これをやるのにいいのは、やはり歩いているときですね。

科学者や芸術家、作家などには、散歩を習慣にしている人がいます。アイデアが出たり構想《こうそう》がまとまったりしやすいからでしょう。私も毎朝ウォーキングをしていますが、たしかに頭がよく回る気がする。血の巡りがよくなるからでしょうか。

また、徒歩は自転車や電車よりリラックスできるし、信号などの「待ち」の場面が多いのも好都合《こうつごう》です。おかげで、踏切《ふみきり》待ちのときにポケットからメモを取り出し「そうだ、学校に着くまでに考えておかなきゃ……」というふうにできる。自転車だとなかなかこうはいきません。

この章のはじめに、「考える」という行為は難しい、と書きました。正直に言えば、手書きメモを使っても難しいものは難しい。「Aの検討をする」と書いたメモを見ても、BやCのことに意識が向かってしまうこともままあるのです。それでも、何秒か眺めたり口に出したりして「Aの検討をしているポーズ」だけは堅持《けんじ》しましょう。そういった構《かま》えがないと、火花のように散って消えるアイデアや発想を捉《とら》えることもできない

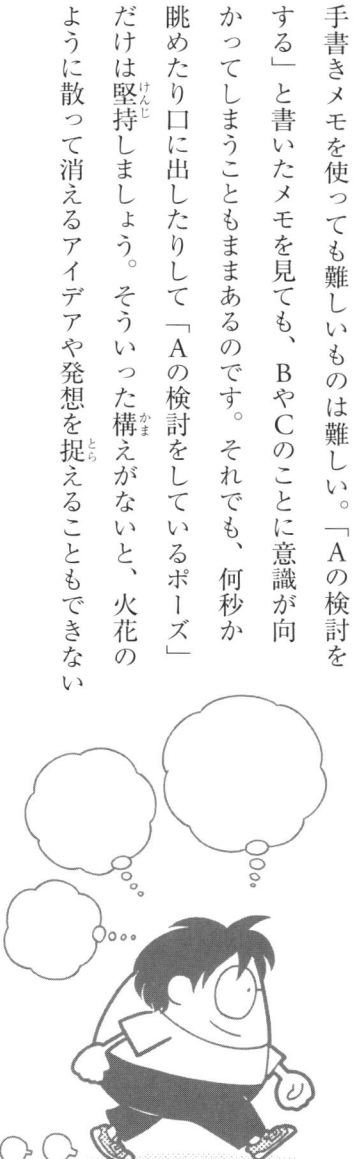

からです。

このアプローチで何も出てこない場合は、また別の言葉でトピックを立てるとか、違う紙やペンを使って書き直したり清書《せいしょ》したりして、再チャレンジしてみましょう。

「うまく考えが進まなかった」というのは無駄《むだ》な行為ではありません。いったん考えようとした事柄《ことがら》というのは、無意識下でも少しずつ〝発酵《はっこう》〟が進む。輪郭や下書きは、ポンと出てくるのではなく、うっすらと浮かび上がってくるものです。

言い換えれば、「考える」という抽象的な行為を、紙とペンによる具体的な作業として、一度やっておく。すると、自分の深層心理《しんそうしんり》に対して、「見通しはどう?」「内容もちゃんと考えてる?」といったメッセージを送ることができるわけです。

手書きを通じて、自分にうまく指示を出してあげてください。

そして、手で考えてダメなら、足で考えましょう。

「ポジネガ」で自問自答《じもんじとう》

CASE

すぐ飽《あ》きてしまう

中1で陸上部に入った。一緒《いっしょ》に入部する友達が多かったのと、親に「運動部に入っておいたほうが内申点《ないしんてん》に有利」と言われたのが理由だった。最初の方は練習や大会が楽しかった。ところが2年になると、新鮮《しんせん》さを感じなくなった。宿題も多いので、部活なんてないほうがいい気もする。さすがに「もう飽きた」とは言えず、なんか苦しい。

メモを作る過程でさまざまなことを考えるのは、自分との対話でもあります。
とくに紙とペンの場合、ネットのように他人の声や視線を意識することがないので、より深く自己《じこ》と向き合うことになる。手書きは、頭を整理して作業を前に進めるだけでなく、モヤモヤした感情を鎮《しず》めたり、乱れた気持ちをリセットすることにも役立つでしょう。

つまり「いま悩んでいること」を書き出すのは、悩みを乗り越えたり、悩みに振り回されずに生きていくための手がかりとなります。たとえひとことでも言葉にできれば、そのぶん前に進める。いちばん良くないのは、漠然《ばくぜん》とした悩みのまま放《ほう》っておくことです。オバケが怖《こわ》いのは見えないから。正体不明のままだと、脅威《きょうい》は膨らむ一方になってしまいます。

とにかく手を動かして、状況を動かしましょう。といっても、内省的《ないせいてき》な凝《こ》った文章をつづる必要はありません。ハードルを上げると、余計《よけい》に何も書けなくなってしまうからです。

判断に迷ったり進路に悩んだりしたときは、次のような自問自答の「型《かた》」を使って、頭のごちゃごちゃを整理し、気持ちの仕切り直しにチャレンジしてみましょう。

●陸上部に入った理由
・友達に誘《さそ》われたから
・内申点のプラスになるから
・個人競技が好きだから
●陸上部の楽しさとは？
・練習で友達に会える
・勝ったときの達成感
●陸上の代わりにしたいこと
・吹奏楽《すいそうがく》や合唱など
・ダンスや演劇

このメモは、だれかに見せるためのものでないのは当然ですが、自分があとで読み返すためのものでもありません。作成しながら、自分が普段《ふだん》からなんとなく思っていることを、具体的に把握《はあく》し、客観視《きゃっかんし》するのが目的です。だから、ピンとくることが書けたか、有用《ゆうよう》なメモができたかといったことは気にしないでください。手を動かさないと考えられないから書いてみる。それだけの話です。

だんだん自問自答ではなく愚痴《ぐち》のような内容になってきても、できるだけそのまま書き続けましょう。モヤモヤをうまく言葉にすることができれば、その正体や原因をつかめるかもしれません。また悩みを放置《ほうち》せず、直視《ちょくし》する時間を持てたことだけでも「ちゃんと対処《たいしょ》できている」という安心感につながるでしょう。

さらに、今回のようなケースでは、メリット・デメリット、ポジティブ面・ネガティブ面を対比《たいひ》した「2列リスト」を作ってみると、もっと悩みはスッキリします。

陸上部を続ける？　それともやめる？

●楽しいこと	●しんどいこと

・友達と会える
・大会が楽しみ
・タイムが縮《ちぢ》むとうれしい
・怖い先輩《せんぱい》がいる
・負けたらイヤ（プレッシャーも）
・筋トレが嫌《きら》い

運動部はキツい一方で達成感もある、といった具合で、ものごとは白黒つくものではありません。しかし、考えを巡らす方法として、あえて「メリットとデメリット」のように単純に二分することで、光の当て方を変えながら観察してみるのです。

「これは悪い面なのか？　いや逆にいい面かも……」

と考えを重ねたり自己分析《じこぶんせき》を深めたりすることが、悩みをほどくための糸口探しになる。かなり地道《じみち》で手間のかかるやり方ですけれど、クヨクヨして何日も無駄にするよりずっとマシでしょう。

このようにメモ作りしながら熟慮《じゅくりょ》できるようになると、後悔《こうかい》する場面が少なくなります。自分の判断が、望まない結果を招《まね》いたとしても「あれだけしっかり考えたんだから」と納得《なっとく》できる。潔《いさぎよ》く受け入れられるのです。

これは精神の健康面においても大切なことです。気持ちが弱ったときこそ「手書き」によるアプローチを忘れないでください。

第5章

「自分だけの1冊」を持ち歩こう

ノートの基本

〝相棒《あいぼう》〟としてのノート選び

本章から、新たなアイテム「ノート」が登場します。頭や心を整理するメモに加えて、ノートを心身《しんしん》のコンディション向上《こうじょう》や、長期的な自己形成《じこけいせい》に活用していく。そんなアプローチを語っていきます。

さっそくノート選びから始めましょう。

まず、サイズは持ち歩きが苦にならないようなものにしてください。携帯《けいたい》して外出時にも使うものなので、一般的《いっぱんてき》なB5サイズより小さめのほうがいいでしょう。私はA5サイズ（A4コピー用紙を2つ折りした大きさ）のものを使っています。これだと、カバンの出し入れも楽だし、膝《ひざ》の上で広げたときも大きすぎない。授業や課題用のノートと見分けも付きやすくていいでしょう。

小さければ小さいほど携帯性はよくなるものの、紙面が狭《せま》くて書きにくくなります。

活用を考えると「A6サイズ（文庫本の大きさ）以上」というのが現実的なところだと思います。

厚みやページ数は、あまり気にしなくていいでしょう。30〜50枚くらいあればじゅうぶんで、紙数が多すぎると重くて、出し入れも面倒《めんどう》になってきます。

一方で「綴《と》じ方」は好みの問題です。開きやすくて折り返せる「リング綴じ」を使いたい人はそれでOK。ただ、とくにこだわりがないなら、オーソドックスな「無線《むせん》綴《と》じ」や「糸綴《いとと》じ」を選びましょう。持ち歩きや出し入れを考えれば、リングのような出っ張りがないほうがいいからです。

愛用しているA5サイズのノート

最後に罫線《けいせん》です。これは好みより、「書くときの助けになるか」で選んでください。

大抵《たいてい》の人は、授業やテストの記述欄《きじゅつらん》などで慣《な》れ親《した》しんでいる横罫《よこけい》でいいと思います。線の幅《はば》（間《かん》隔《かく》）は、心地よく書ける字の大きさに合わせてください。また、1章でも語った通り「大きな字で書く」ためには、1行空《あ》けて使っていくのをすすめます。

ただ、もし「手書きに苦手意識がある」「なかなかきれいに書けない」といったことであれば、細かい方眼《ほうがん》や「ドット入り罫線」と呼ばれるようなものを選んでください。たとえわずかでも書くときに違和感《いわかん》や苦痛《くつう》があると、だんだん使うのがイヤになってきます。罫線ひとつで解決するなら、少し割高《わりだか》でもためらわず「手書きサポート罫線」のノートを買い求めましょう。

以上のようなことに、まったくこだわりがない人は、

・A5サイズ
・30～50枚
・無線綴じ（または糸綴じ）
・横罫

こんなノートを「とりあえずの1冊目」として用意してください。

この1冊の使い心地を試しながら、心地よく感じるサイズや罫線といったことを意識しつつ〝相棒選び〟をしていきましょう。

「日付時刻」と「区切り線」

ノートは常に1冊だけを使います。分類は不要です。

「アイデアノート」や「部活の記録用」などといった使い分けは要《い》らないし、見開きの左側に予定を書いて、右側に△△を……といったページ分けや書き分けもしません。

ただ、前から順に使っていきます。

つまり、いまからノートに何かを書くとしたら、記入《きにゅう》箇所《かしょ》は「直前に書いたところのすぐ後」です。そこに何が書かれているかは、関係ありません。その結果、マンガのアイデアの後に「期末テストに向けた計画」が続くことになったりするわけです。

このような「ごちゃまぜ」のノートでも、一応のルールはあります。

「区切り線」と「日付時刻」です。

まず、何かをノートに書き入れたら、最後に横線を引いて「ここまでが、ひとまとまりの記述」とわかるようにしておく。

そして、またノートを開いて書くときには「日付と時刻」を入れてから書き始める。

やり方は好きなようにすればいいと思いますが、私はできるだけ手間を省《はぶ》くため、次のような方式で書いています。


２０２４年９月12日午後２時25分→［240912］14:25

表記《ひょうき》は統一《とういつ》しておかないと、混乱を招《まね》きます。この西暦《せいれき》下２ケタ＋４ケタ表記の日付は、20年以上も使い続けていて、一度もわからなくなったことがありません。「１

924年か2024年か」と迷うケースはないからです。

さらに私の場合、外出が多いので時刻の後に「現在地」も書いておくことにしています。「11:20@品川駅カフェ」なら、東京出張中にお店で書いた記述ということです。現在地の記述は、「先週の金曜は何してたっけ?」といった場合に、記憶《きおく》をたどるのに役立ちます。面倒でなければ曜日を書いておくのもいいでしょう。

言い換《か》えれば、ノートに何かを書くときは、

1　日付と時刻
2　記述したい内容
3　区切り線

という3ステップを踏《ふ》むわけです。1はスマホやカレンダーで確認するのがちょっと手間ですが、3はただ罫線に沿ってラインを引くだけ。3秒もかかりません。

このルールさえ守っていれば、まったく分類しなくても、ごちゃごちゃになることはありません。

時《じ》系列《けいれつ》ノートは〝長い巻物《まきもの》〟

以上のようにノートを使っていくと、中にある記述はすべて時系列に並ぶことになります。

横書きなら基本的に「左から右へ」（ページの中は「上から下」）で並んでいく。逆に最新のページから左へとめくっていけば、どんどん過去へさかのぼっていくことができるわけです。

さて、このように使い続けて、最後のページまで使い切ったらノートは「代替《だいが》わり」します。

新品ノートを用意し、1ページ目を「使用済《しようず》みノートの最終ページの続き」として、同じように続けていく。このときにサイズや罫線などを見直して、より自分に合うノートを探し求めるのもいいでしょう。

使用済みノートの表紙には、見分けがつくように通し番号（初代なら「1」）と「使用期間」を書いておく。ついでに新品のノートの表紙にも番号を振《ふ》っておきましょう。0〜9までの数字のスタンプで印字《いんじ》しておくと、より見栄《みば》えがして愛着《あいちゃく》が湧《わ》きます。

ページ数や記述の多さにもよるけれど、毎日使っていれば少なくとも年に2、3回は「代替わり」のタイミングがやってくるでしょう。この段階でボロボロになったノートも新調《しんちょう》できるので、汚《よご》れや水濡《みずぬ》れなども恐《おそ》れずガシガシ使っていくことができます。お出かけ先の雑貨店《ざっかてん》やミュージアムショップで気に入ったノートを買って、「次はこれ」と決めておくのも楽しみが増えていいですね。

このシステムは、たとえるなら「長い巻物」です。延々《えんえん》と紙を継《つ》ぎ足《た》しながら、一定方向に記述していく。時系列ノートは、そんな巻物を分冊化《ぶんさつか》したものとイメージしてください。

ちなみに、いま私が使っているノートは「265冊目」です（2024年9月現在）。最初に使い始めた1冊目の1ページ目から、今日書き込《こ》んだページまで、20年以上におよぶ記述が時系列に並んでいる。つまり「△年前の○月□日の朝食に何を食べたか」といったことも、ノートをさかのぼっていけばわかるわけです。

自分が歩んできた道が見えるのは、気分のいいものです。

「書く」前に「貼《は》る」

ノートには何を書いてもOKです。

日記でもアイデアやイラストでも、ためらわずにどんどん書いてください。書けば書くほど、ノートを使うのが上達して活用度もアップしていきます。

といっても「何も書くことがない」という人も多いでしょう。

そんな人は、まず「貼る」ことから始めてみてください。買った服の商品タグや友達からのメッセージカードなど、日々の生活の中で記念になるようなものを貼っていけば、それだけでオリジナリティがあって見応《みごた》えのあるノートができます。貼りつけにくいコーティング紙などを収録《しゅうろく》していくために、両面テープやOPPテープ（梱包《こんぽう》用の透明《とうめい》なもの）などもあると便利です。

なお「貼りもの」はスペースの都合《つごう》で、ひとつ後のページに回すケースもあります。時系列の原則からは少し外《はず》れることになりますが、あまり気にしないでください。

そして、次のステップは「記録」を書いてみることです。

いわゆる「日記」のように、ちゃんとした文章に

ノートに「日々の記録」を貼っていく

したり、考えたことを言葉でつづったりするのはハードルが高い。もしできたとしても、長続きせず三日坊主《みっかぼうず》になってしまうのがオチでしょう。

そこで、まずはシンプルに「ピンポイント記録」から始めましょう。

早起きが目標なら、毎朝の起床時刻《きしょうじこく》を書き留《と》めておく。英検に向けて準備しているなら、試験対策の問題集を何ページ終わらせたかを毎日ノートに書き入れていく。この程度なら、1分もかかりませんね。ほかの人が見たら何のことかわからない数値《すうち》の連続でも、自分がわかればいい。日記帳と違《ちが》って、忙《いそが》しくてノートを開くひまもなかったとしても空白《くうはく》ができないのも利点《りてん》です。

また、読んだ本や見た映画のタイトルを書いていくのもおすすめです。いちいち感想や評価を書いておかなくても、どんなことを思ったかくらいはタイトルを見ればだいたい思い出せるでしょう。「2024年の9月はこういう本を読んでいた」といった記録も、時が経《た》てば、興味深い自分の軌跡《きせき》となっていきます。

このような無味乾燥《むみかんそう》な記録であっても、他人には書けない「自分のこと」です。何日も書き加えていくうちに、どんどん個性あふれる、分身《ぶんしん》のようなノートになっていく。すると愛着が湧くので、持ち歩きが苦ではなくなり、もっと活用したくなる。

このようないい循環《じゅんかん》につながっていきます。

参照《さんしょう》は「アイコン」で

メモと違って、ノートは「書き残し」ですが、必ずしもあとで参照するとは限りません。

むしろ、具体的に「書き残しておいたものが今日の仕事で役に立った」といったケースは少ない。よくあるのは、「あれは先週の土曜日か、それとももっと前か」「今月のはじめ頃《ごろ》は何をしてたかな？」といったことをパラパラとめくって確認する、といったケースです。

また私の経験上、参照したくなるのは、だいたい昨日から先週くらいまでのことで、

1、2カ月も前になると見る必要性はほとんどありません。何カ月も前の使用済みノートを引っ張り出さねばならない状況《じょうきょう》となると、めったにないでしょう。

詳《くわ》しくはこれから語っていきますが、「書き残し」のノートにおいて重要なことは、個々《ここ》の記述を読み返したりチェックしたりできることではありません。ポイントは「自分の足跡《あしあと》がノートにある」といった感覚を持てることの方です。これが、ポジティブな気分や自信の醸成《じょうせい》、そして自己形成につながっていきます。

だから「あとでバッチリ探せる」といった参照性に、あまりこだわる必要はありません。「あのことは、先々週くらいに書き残しておいたはず」といった感触《かんしょく》さえあれば、目星《めぼし》をつけてめくっていくことで目的のページにたどり着けます。

ただし、あとで探しやすくなる「簡単な仕組み」は、日頃《ひごろ》ノートを使いながら作っておくほうがいいでしょう。

いちばん手軽な方法は、中身の手がかりになるような「アイコン」を表紙に設《もう》けておくことです。

ノートの書き方

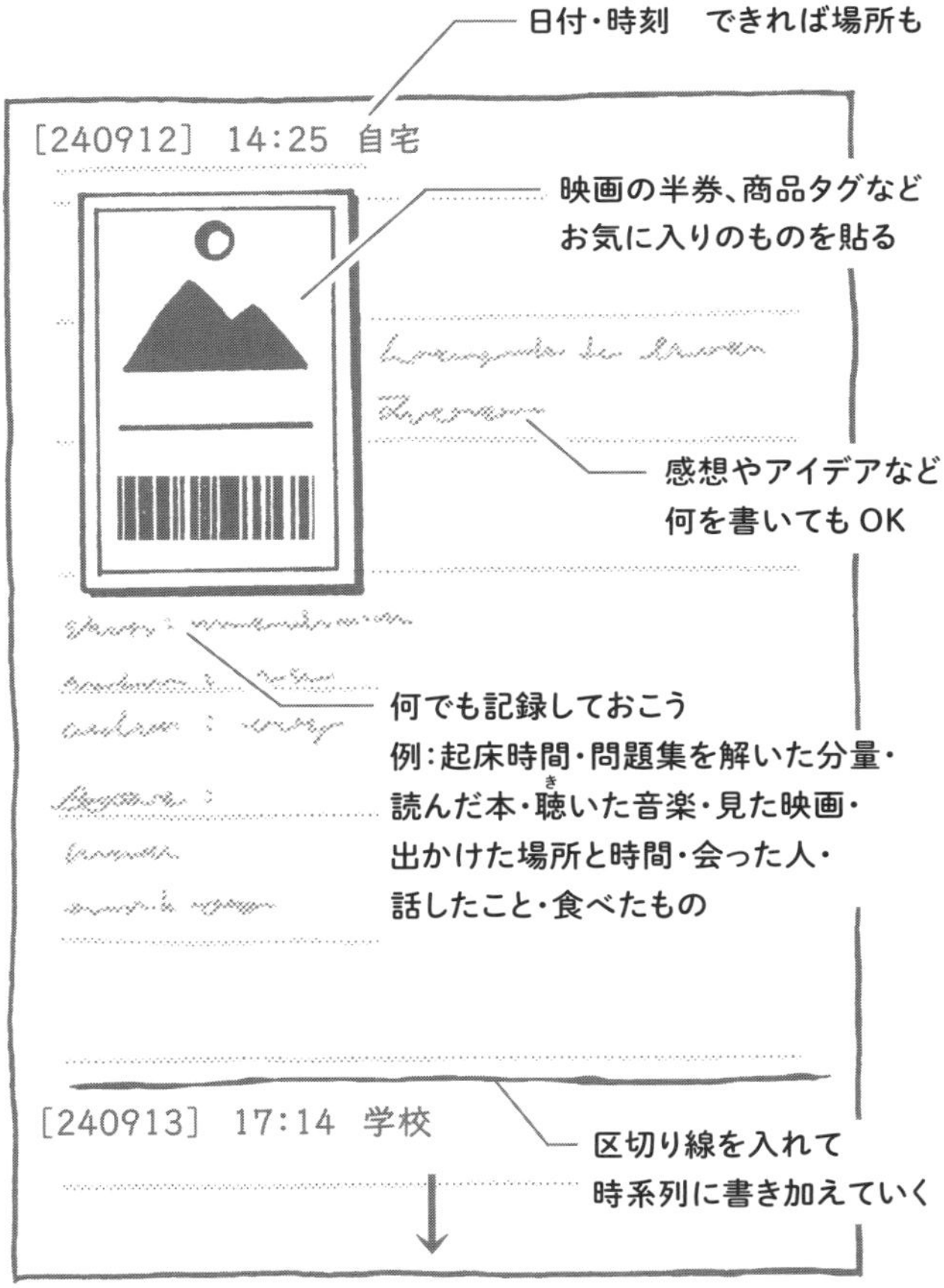
日付・時刻　できれば場所も
[240912]　14:25　自宅
映画の半券、商品タグなど
お気に入りのものを貼る
感想やアイデアなど
何を書いても OK
何でも記録しておこう
例：起床時間・問題集を解いた分量・
読んだ本・聴《き》いた音楽・見た映画・
出かけた場所と時間・会った人・
話したこと・食べたもの
[240913]　17:14　学校
区切り線を入れて
時系列に書き加えていく

たとえば、表紙にテーマパークでもらったステッカーを貼っておけば、「友達と△△ランドにいったあの日の記述」がノートの中にあることがわかる。ほかにも駅や観《かん》光《こう》施《し》設《せつ》の記念スタンプを押《お》したり、入場チケットなどを貼りつけたりといった手もあります。

また、使用済みノートが増えてきたときに、見分けが付くようにする意味でも、〝現役〟のうちに表紙のデコレーションを進めておくといいでしょう。部活の試合や発表会など、記念になるようなものがない場合には、あえて電車の切符《きっぷ》を買い、改札《かいさつ》でお願いして持ち帰る、といった手もあります。ありふれた切符でも、表紙に貼っておけば「あの日のこと」を示すアイコンになるわけです。

時系列をさかのぼったりアイコンを手がかりにしたりして、目的のものを見つけたケースが出てきたときは、目立つように付箋《ふせん》を貼っておきましょう。手間をかけて探し出したページは、また参照したくなる可能性が高いからです。しばらくして「この付箋はなんだっけ？」と開くと、予想した通りのものが出てくるようになります。

ノートの使い方は以上です。簡単でしょう？

第6章

ノートで
「気分をアゲる」

WORLDLY WISDOM
FOR 14 YEARS OLD

「貼《は》り込《こ》み」で日々を彩《いろど》る

ここから、ノートの具体的な活用法を語っていきます。

本章で紹介《しょうかい》するノートの使い方は、「書く」より「貼る」がメインです。何かを貼るのは文字をつづるより気軽で、しかも手芸《しゅげい》のように黙々《もくもく》と手を動かすことで、心を落ち着かせる効果があります。

ストレスに対処《たいしょ》したり充実感《じゅうじつかん》をアップさせたりといった、「心を支《ささ》える技術」と呼んでもいいでしょう。

糊《のり》とハサミの手作業によって心の乱れを鎮《しず》め、何気《なにげ》ない日々に味を加えることで気分を盛り上げ、毎日を充実させていく。

あえて漠然《ばくぜん》とした言葉を使えば、「生き方」につながる話です。

そんな大げさな、と思うかもしれません。

ふつう人生といえば、就職したり結婚《けっこん》や子育てをしたり、といったことだと思うでしょう。しかし、それはやや誇張《こちょう》されたイメージではないでしょうか。実際は、人の一生というのは、食べたり寝《ね》たり、学校や会社に行ったりといった「ごく普通《ふつう》のこと」の連続で作られています。

というわけで、「これが自分だ」と言えるような生き方がしたかったら、日常坐臥《にちじょうざが》、つまり毎日の生活をキッチリこなしていくしかありません。朝起きるのも歯を磨《みが》くのも、生き方の土台です。

私も怠《なま》け者なので偉《えら》そうなことは言えないのですが、何かで成果を出すにも、目の前の小さなことをコツコツやっていくしかありません。

残念ながら、いきなりすごい力を手に入れたり、一発ですべてを解決したりといったことはない。勉強やスポーツにしろ、ひとつひとつの場面でベストを尽《つ》くす、あるいは比較的《ひかくてき》マシな選択《せんたく》をする。それ以外のアプローチはないのです。かなりウンザリする話ですけど。

そのためにも、大切なのは心の健康です。イライラやモヤモヤに振《ふ》り回されたり、クヨクヨ・メソメソするような時間をなるべく少なくすれば、自然と目の前の課題に意識が向かい、じゅうぶんなエネルギーを注《そそ》げる。そうしてうまくいけば心の余裕《よゆう》も生まれ、さらに能力を発揮《はっき》できるようになっていく。

ただ、「心の健康」といっても、スカッとすることや憂《う》さを晴《は》らせるシチュエーションなんて、そうはありませんね。

SNSはヒマつぶしにはいい。少しは気晴らしにもなるでしょう。ただ一方で、ネット上での人間関係や無神経な書き込みにストレスを感じる人も多いのが現状です。悩《なや》みや愚痴《ぐち》を書いて励《はげ》ましてもらおう、といってもそう都合《つごう》よくいくとは限りません。

そんなわけで、頼《たよ》りにすべきはネットよりノートです。

自分を励ます「コレクション」

CASE

メンタル疲弊《ひへい》

中学生になってから本気で忙《いそが》しくなった。放課後は部活で、帰宅後は習い事。その間に宿題と明日の準備、食事や風呂《ふろ》をこなしていたら、ほかに何もできない。まだ学校がおもしろければいいんだけど、最近は授業内容も難しくなってきたし、部活の先生もピリピリしていて、なんだか疲《つか》れてきちゃった……。

学校でイヤなことがあって気分が落ち込む。マンガやゲームで気晴らしする時間もない。

そんなときでも、持ち歩いているノートに、お気に入りの服やバッグの商品タグがあるのを見れば、ほんの少し気持ちがアガる。たとえ一瞬《いっしゅん》でも、心が救われる感覚をしっかり味わってください。

というわけで、ノートは「貼る」から始めましょう。

メモでも落書《らくが》きでもなく、ただ映画の半券《はんけん》や、買った洋服の商品タグ、マンガや本の帯《おび》、包装《ほうそう》（の一部）、友達からもらったメッセージカードなど、日常生活で手に入れたものを標本《ひょうほん》のように貼りつけていく。これなら、ズボラな人でも気軽に始められると思います。

ただし、ひとつだけルールがあります。

収録《しゅうろく》するのは「いいもの」だけにしてください。つまらなかった展示《てんじ》会《かい》のチケットやイマイチだったお店のショップカードはさっさと捨てる。ノート中には、ぐっとくる記《き》憶《おく》や甘《あま》い体験が蘇《よみがえ》るカギになるものだけを残していくわけです。

「あの映画は最高だった」

「いい買い物したなぁ」

「△△はマジで友達！」

あとでノートを見たとき、そんな歓喜《かんき》が湧《わ》き上がるものだけを日常の中から探し出し、ノートにコレクションしていく。

貼るものは、チケットやカードのような「ちゃんとしたもの」とは限りません。たとえば、週末に家族とクルマで出かけて、道の駅で昼ごはんを買った。こういうときは、割《わ》り箸《ばし》の袋《ふくろ》やおにぎりやパンに貼ってあるシールを取って、ノートに貼っておきましょう。こうすれば、何カ月経《た》っても「アレはよかった」と思い出せる。情念《じょうねん》がこもっていればゴミでも宝になるのです。

思い出を残すならスマホでいいのでは？　と思うかもしれません。たしかに自撮《じど》りしたり仲間と写真を送り合ったりするのは楽しい。チケットやショップカードだって撮影《さつえい》しておけば画像データで残せるし、場所だって取りません。

しかし、やはりスマホで「自分の世界」は作れないのではないか、というのが私の見解です。

みんなで撮る写真はもちろん、自撮りだってSNSにアップしたり親《した》しい人に見せたりする。シャッターを切るとき、どうしてもだれかの目から見てどうか、発信《はっしん》してみようかな、といったことが頭をよぎる。その結果、他者《たしゃ》との比較から逃《のが》れられなくなってしまうのです。

このように、意識が外へ外へと向かってしまうのは当たり前です。なぜならスマホとは電話であり、コミュニケーションをするための「ネットワーク端末《たんまつ》」だから。そもそも自己《じこ》を投影《とうえい》するようなツールではない。はじめから用途《ようと》が違《ちが》うのです。対して、ノートは閉じています。発信も受信《じゅしん》もできない。スマホが電車の中や公園のようなパブリック空間なら、ノートは自分の部屋のようなプライベート空間と言えます。だれにも気兼《きが》ねせず、ポスターやフィギュアを飾《かざ》れるような感覚です。どちらが自由を感じるか、言うまでもないでしょう。

また、どんなによく撮れた写真でも存在感は実物《じつぶつ》に敵《かな》いません。箸袋のような紙切れだって、固有《こゆう》の風合《ふうあ》いや手触《てざわ》りがあって「空気」を持っている。画像はどれだけ解《かい》像度《ぞうど》がアップしても、データにすぎません。

ノートは、だれにも邪魔《じゃま》されない「自分だけのリゾート」なのです。

「好き」を広げる「スクラップ」

CASE

毎日がつまらない

今日は塾《じゅく》に行きたくない。社会科の授業なんだけど、あの先生の話はつまらなくて退屈《たいくつ》。そもそも日本史って自分に何の関係もないわけで、頭に入ってこない。学校の社会科は先生の話がおもしろいから多少は興味が持てるのに。勉強だとはいうものの、なんかひとつも響《ひび》かない授業は苦痛《くつう》でしかないって！

好きになるって、意外と難しいものだと思います。

たとえば、教科でいうと私は歴史と英語が好きでした。40代のいまでも歴史の本はよく読むし、英語も市販《しはん》の本や音声教材を使って毎日トレーニングしている。しかし、「最初から好きだったのか」と問われると、そうではなかった気が……いや、普通に嫌《きら》いでした。

「勉強」が好きな人は、ほぼいません。でも、定期テストや受験があるから、仕方なく机に向かう。その過程《かてい》で、「数学より英語のほうがまだマシ」「あ、やったら試験の点数アップしたわ」という具合に、じわじわと距離《きょり》が近づいていくわけです。

比較的に苦痛が少ない教科から手をつけているうちに、だんだん馴染《なじ》んでくる。そうなると成績も伴《ともな》うから「歴史が好き」「英語が得意」となっていった。つまり、なんとなく好きになったのではなく、無意識《むいしき》のうちに自分で自分をそう仕向けていった結果と言えるでしょう。

べつに歴史や英語に出会った瞬間《しゅんかん》、ガッチリ心をつかまれたわけではない。そんな程度の「好き」であるにもかかわらず、もはや学ぶ必要性もなくなった現在まで続いている。なかなか興味深い現象だと思います。

「好き」って、一体なんなのでしょうか。

現在、私の長女（中2）は歴史が嫌《きら》いです。「何がおもしろいのかわからない」「ぜんぜん頭に入らない」とよく愚痴っている。まあ、そうだろうな、と思います。「△△王朝《おうちょう》」や「××の戦い」なんて言っても、だれも見たことがありません。ピンとこないのも当然でしょう。

ただ、同時に思ってしまうのです。まだ「楽しみ方」を見つけていないだけじゃないのかな、と。

それは、ハマる歴史マンガに出会ったり、偉人《いじん》たちの逸話《いつわ》に触《ふ》れて心惹《こころひ》かれたり、といったきっかけのことです。高校生や大学生くらいになると、美術品や工芸品を見たり、建築や遺跡《いせき》に足を運んだりしたときに「ぐっときた」というケースも出てくるでしょう。その結果、書店で歴史の本を手にとってみたりするようになる。

「なんとなく好きになった」ように感じるけれど、じつは、好きになれるトリガー

（引き金）を自ら探し出したのです。

つまり、好きになるには少しだけ努力が要《い》る。ずっと待っていても、よほどの幸運に恵《めぐ》まれない限り、心沸《こころわ》き立つことが目の前に現《あらわ》れることはありません。

では、具体的にどうすればいいのか。

ノートで「スクラップ」をやりましょう！

たとえば、よく話題になるミュージシャンの記事、なんとなく見入ってしまうキャラのイラスト、「おや」と思ったコーデやヘアアレンジの写真など、「心に響いたもの」「気になるもの」を切り抜《ぬ》いてノートに貼っていく。いわば、先ほど述べた「コレクション」の上級編です。

この作業を経《へ》ることで、「いいなと思う有名人」が「切り抜きをノートに貼ったアーティスト」になります。つまり、一気に距離が縮《ちぢ》まる。対象とのつながりも強くなるわけです。

また、ノートでスクラップを持ち歩いているうちに、関係性に変化が生まれることもあります。「なんとなくいいもの」が「正真正銘《しょうしんしょうめい》のお気に入り」になったり、「気になるニュース」が「書くべきテーマ」に変わったり、といった具合です。これは、足跡《あしあと》が目に見えて残るノートならではの特性《とくせい》と言えるでしょう。

このようなスクラップを重ねていくと、好きになるきっかけや共感《きょうかん》の糸口《いとぐち》も見つかりやすくなります。

いま読んでいるマンガのストーリーが、歴史上の事件をモチーフにしている。よくＳＮＳで見るファッションモデルが英検２級を持っている。そういったことが、歴史や英語に親しむ入り口になったりするわけです。

これこそ新聞や雑誌、本といった印刷物に触れることの大きなメリットです。検索《けんさく》サイトやＳＮＳは、関心や興味のあることは大量に出てきます。しかし、まだ当人《とうにん》も自覚《じかく》していないような「知りたい」「調べたい」「見たい」は、検索しようがない。日頃《ひごろ》からさまざまなものに触れて、「なんか気になる」を逃さないようにするしかありません。ノートは、それらをうまくキャッチするための受け皿になるわけです。

ここまで読んで「面倒《めんどう》くさそう……」と思ったかもしれません。

そこがポイントです。スマホではなく、糊とハサミで貼りつけるなんて、死ぬほどかったるい。だからこそ、話題や流行《りゅうこう》といった目に付きやすいものを、むやみに切り抜くのを避《さ》けられるのです。

スクラップは徹頭徹尾《てっとうてつび》、主観《しゅかん》でやることが大切です。

学校で話題だとか、芸能界で注目されているとか、社会を揺《ゆ》るがしているとか、まったくどうでもいい。

そんなことではなく「本当に手を動かすだけの価値があるか」「時間と手間を注《そそ》ぐに値《あたい》するか」だけを考えてください。そして、忙しさや労力《ろうりょく》との兼《か》ね合いで、どんなふうに切り抜くかを決める。自分の価値観《かちかん》がすべてです。親から「早く寝なさい！」と怒《おこ》られても、いますぐ切り抜くべきだと感じるなら、やらねばなりません。

このような主観に基《もと》づくスクラップができると、ノートを開くたびに「成果」に触れることになって、気分もいい。好きなものは何度も見たくなるから、さらに関係性が深まっていきます。

世界は広いのです。スポーツや芸能に限らず、森羅万象《しんらばんしょう》に「推《お》し」を見つけていきましょう。

充実感がUPする「記念ページ」

CASE

家庭不和《かていふわ》？

近頃、親の言葉が癇《かん》に障《さわ》る。朝、起こしてくれないと学校に行けないし、急《せ》かされないと遅刻《ちこく》しちゃうかもしれないんだけど、ついカッとなって「わかってるって！」とか言ってしまって、口喧嘩《くちげんか》になる。ただ指示するだけならわかるんだけど、小言っぽいというか、いちいち神経を逆撫《さかな》でしてくるんだよなぁー。

先ほど、「好きになるには少しだけ努力が要る」と言いました。

あちらは科目や趣味《しゅみ》の話でしたが、人間関係も似たような面があります。そう、たとえ親子や兄弟、夫婦であっても、好きであり続けるには少し努力が要るのです。

といっても、プレゼントを贈《おく》ったりお世辞《せじ》を言ったりするわけではなく、マインドのこと。気の持ち方です。簡単に言えば、少し感情がこじれても「本当はいい人なんだ」となるべく考えるようにする、とか。少しアブノーマルな気もするけれど、人間関係というのは、こんなややこしい面があります。

「結婚前《けっこんまえ》には両目《りょうめ》を大きく開いて見よ。結婚してからは片目《かため》を閉じよ」という西洋の格言があります。これは親子でも友達でも同じです。

とはいうものの、私は「だれとでもうまくやってほしい」なんてことは言いません。まず自分が人付き合いが苦手だから。そして、人間関係とは必ず相手がいるものなので、自分だけではどうしようもない面もあるからです。極端《きょくたん》な話をすれば、いくら相手のことが好きで、燃え上がるような感情を持っていても、片思《かたおも》いならただの迷惑《めいわく》でしょう。

それでも、自分自身との関係だけは必ずうまくやってほしいと望みます。

世の中、さまざまな不幸があるもので、親子や夫婦で憎《にく》み合うことも状況《じょうきょう》によっては避《さ》けられないかもしれません。また残念ながら、親友に嘘《うそ》をつかれたり、世話してあげた後輩《こうはい》に裏切られたりといったこともある。

しかし、何があっても自分とだけは反目《はんもく》してはいけない。自分に嫌《きら》われてはいけない。自分をガッカリさせてはいけない。

自分の替《か》えは利《き》かないし、自分からは逃《に》げられないからです。

よく「自分を愛する」と言いますが、私はもっとカジュアルに「自分自身のファンになろう」と呼びかけています。

どんな芸人やミュージシャンでも「あの人だけは必ず

チケットを買ってくれる」というありがたいお客さんがいます。同じように、あなたは「自分自身」という舞台《ぶたい》を初日《しょにち》から千秋楽《せんしゅうらく》まで、かぶりつきで観《み》る〝鉄板《てっぱん》のファン〟になるのです。

自分でもヘンなこと言ってるな、と思います。でも、だれかが言わねばならないことなので、この場でハッキリ伝えておきましょう。

いちばん大切なのは「自分との人間関係」なのです。

逆に言えば、自分とさえうまく付き合えていればOK。そのほかの人間関係は、うまくいかなくてもかまわない。世の中すべてを敵に回すよりも、自分ひとりを敵に回すほうがずっと恐《おそ》ろしい、と。

では、自分と上手《じょうず》にやっていくための「努力」とはどんなことか。

ノートに「記念ページ」を作ってみましょう。

チケットや商品タグといった紙片《しへん》や切り抜き、駅や観光施設《かんこうしせつ》の記念スタンプ、コンビニなどでプリントした写真、さらに行動や食事などの記録、感想などを組み合わせた見開《みひら》きの紙面《しめん》を手作りします。特別な体験をしっかり〝デコる〟ことで、自らの歩みに対する「なんとなくいい手触《てざわ》り」を作っていきます。

これは「自分自身のファンになる」ためのきっかけ作りです。凡人《ぼんじん》はもちろんのこと、いくら他人から見てイケてる人でも「自分はすごい」「自分は特別だ」と信じることは難しい。しかし、これまでの体験や思い出に対して、

「なかなかいい感じ」

「意外とうまいかも」

「たまには光るものがある」

という感触《かんしょく》を味わい育《はぐく》んでいくのは、それほど困難ではありません。

「今回の体験は一生ものだ！」「忘れられない1日になった」といった幸福な体験や思い出ができたら、ノートの「記念ページ」で祭《まつ》り上げておきましょう。できれば見開きで、雑誌の特集のように写真や切り抜きをレイアウトし、総力《そうりょく》を注いだ特集紙面《とくしゅうしめん》を作り上げる。手間はかかるけれど、いや手間がかかるからこそ強く印象に刻《きざ》まれる。

また読み返せば、さらに頭に深く残ります。アイキャッチになるように、表紙も記念スタンプやステッカーでデコレーションしておきましょう。

スマホの中の写真や自分のSNSを見てウットリできる人は、こんなことは必要ないかもしれません。でも、心にスキマ風が吹《ふ》いているなら、試してみてください。

旅をしたとき、私は必ずこれをやっています。観光パンフレットの切り抜きやルートを書き込んだガイドマップ、銘菓《めいか》の包み紙などを貼ったりした合間に、その日の行程《こうてい》や感想などを細かく書いて埋《う》めていく。青森県のある温泉（地元の人が利用する共同浴場《きょうどうよくじょう》）に行ったときは、何も貼るものがなかったので、泉質《せんしつ》や浴場の感想だけで2ページを埋めたこともあります。

どれほど「忘れない」と思っても、感動は日を追うごとに薄《うす》れていきます。どんな立派な建造物《けんぞうぶつ》でも、定期的な修繕《しゅうぜん》をしないと崩《くず》れる。つまり、失いたくないキラキラした記憶であればあるほど、しっかりと風化《ふうか》を防ぐ措置《そち》を講《こう》じていかなくてはならないわけです。

心の奥《おく》で輝《かがや》く体験は、どんな支配者や権力者でも奪《うば》えません。これは最後の砦《とりで》であると同時に、最前線を這《は》っていく原動力《げんどうりょく》でもあります。

第7章

ノートで「パフォーマンス向上」

記録すれば充実《じゅうじつ》する

この章では、「貼《は》る」から「書く」へ軸足《じくあし》を移します。

取り組んだ課題や日々の生活といった行動記録を通じて、コンディションを維持《いじ》し、勉強やスポーツのパフォーマンス向上《こうじょう》につなげていく。

ただ宿題や試験勉強といった課題をクリアしたり、感情をコントロールしていくだけではありません。自分の好きなことや得意なことや好きなことを見つけたり、何かに熱中した体験を心の糧《かて》にしたりする。そんなアクティブなノートの使い方です。

基本的に「書き捨て」であるメモと違《ちが》って、ノートの場合、記述がずっと残ります。とくに読み返そうとしなくても、何か貼《は》ったり書き込《こ》んだりするときにパラパラとめくることになる。すると一瞬《いっしゅん》、過去のことが意識に上る。「手書きはアウトプット（出力《しゅつりょく》）でありインプット（入力《にゅうりょく》）だ」と、しつこく繰《く》り返していますが、ノートを持ち歩くことで、さらにその効果は高まるのです。

ノートを相棒《あいぼう》として使い込んでいくと、「この手のものはよく集めてるな」「また同じようなことを書いている」といったふうに、だんだん自分の好きなことや繰り返している行動パターンなどに気がつくようになります。

これこそ「自分を知る」ということです。

自分はどんな人間なのか、どんなことをどのように考えているのか。

こういったことは、直接的に観察することはできません。鏡《かがみ》を見てもわからないし、家族や友人に聞いても意味がないでしょう。

しかし、難しく考えないでください。ノートを使い続けていると、じわじわと「自分の姿」が浮《う》かび上がってきます。自己省察《じこせいさつ》や心理《しんり》分析《ぶんせき》なんて要《い》らないのです。

何をどのように食べているか。

どこへ行ってだれと何をしているか。

何を見たり聞いたり、読んだりしているか。

このような生活上のこまごましたことの集合体《しゅうごうたい》が、「自分」なのです。自分の嗜好《しこう》や習慣、行動様式《こうどうようしき》には、ちょっとした考え、そして小さな思想《しそう》が反映されています。つまり、自分の正体を追うための貴重な手がかりとなるわけです。

そんな観察をするためにノートを使いましょう。毎日、持ち歩いて書いたり貼ったりするうちに、必ず自らの輪郭《りんかく》に触《ふ》れる瞬間《しゅんかん》が出てきます。

「彼を知り、己《おのれ》を知れば、百戦《ひゃくせん》して殆《あやう》からず」（孫子《そんし》）です。

自分という人間の「傾向《けいこう》と対策」をつかみ、上手《じょうず》に使いこなせば、困難も恐《おそ》れるに足《た》りません。

CASE
無力感《むりょくかん》

自信を作る「行動ログ」

成績が思うように上がらない。ちゃんと家でも勉強時間をとっていて、日曜の夜まで塾《じゅく》に行っているのに結果が出なくって親もガッカリ。こちらの気分も落ち込んでしまう。この先もっと授業が難しくなってきたら、ついていけなくなってしまうんじゃないか……。ああ、なんだか自信がなくなってきた。

自信は「ない」のが当たり前です。

「自信がある」というのは、何も考えていない・見えていない人か、あるいは「そう思うしかない」と腹をくくった現実主義者《げんじつしゅぎしゃ》だけでしょう。

本書において、手書きを通じて「自信が持てるようになる」と語っているのは、後《こう》者《しゃ》の意味合いです。身も蓋《ふた》もない言い方をすれば「自己暗示《じこあんじ》」のようなものですね。自分らしく生きていくには、たとえ無理矢理にでも「自信がある」と思い込むしかない。残念ながら、私にはこういう言い方しかできません。

もちろん、何かの大会で優勝したことがあるとか、SNSのフォロワーが△万人いるというのはプラスにはなるでしょう。しかし、実績にしろ名声《めいせい》にしろ上には上がいるので「ここまでいけば大丈夫《だいじょうぶ》」というラインはありません。華々《はなばな》しい活躍《かつやく》をしているにもかかわらず、ぜんぜん自信がない人もいるわけです。

では、自信を持つには、具体的にどうすればいいのか。

自分がどんな日々を送っているかわかるように、ノートに「行動ログ」をつけてみてください。

考えたことや感じたことを、文章でつづる必要はありません。ただ「△時×分に起《き》床《しょう》」「1時間だけゲーム」「宿題を90分で完了《かんりょう》」といった具合に、機械的に自分のやったことを書いていく。余裕《よゆう》があれば短いコメントを加えてもいいでしょう。

タイミングは自由です。1日の終わりでなくてもかまいませんが、昨日のことを思い出して書くのは大変なので、なるべく1日に2、3回はノートを開きましょう。できれば、朝起きたら昨夜のこと、お昼に午前のこと、夕方や夜に午後のこと、といった具合にちょこちょこ書いていく。

たとえば、次のような短い記録でじゅうぶんです。

[230426] 8:15@自宅
昨日は塾から帰って夕食カレー。
疲《つか》れたのですぐに寝《ね》た（睡眠《すいみん》23-7時／8時間）。
今日は午前中にテスト勉強をやろう！

[230427] 19:00@自宅
学校から帰宅。お菓子《かし》を食べて15分だけ動画みて宿題。
2時間ですべて終わらせた。これで日曜は遊べる！

この程度なら、5分もあれば書けるので負担《ふたん》になりません。朝が忙《いそが》しいなら昼にまとめて書いてもいいけれど、たまると面倒《めんどう》なのでタイミングを見計《みはか》らってこまめにやりましょう。ベンチでバスや電車を待つ間に済《す》ませるのもいいですね。

こんな簡単な内容でも、思い出しながら書いていると、少しは「自分はしっかりやっている」「充実の日々を送っている」という自己認識を築《きず》き上げていくことができます。たまには「食べ終わった皿を台所に持っていったな」「ネットを見ずにすぐ寝たのは偉《えら》い」といったふうに思えるのです。

私の場合、出かけたり人に会ったりといった行動のほか、毎日自分で作る食事も書き残しています。カロリー制限《せいげん》している上に野菜もよく使うので、「こんな健康的な食生活の人は少ないのでは……」と、よくウットリしてしまいます（自分でもヤバいと思う）。

このように、仕事や学業《がくぎょう》といった成果が問われる分野でなくても、日常の中に「自分ってすごい」と思えることは探せばあるものです。行動ログをつけることで、おのずと小さなファインプレーが浮かび上がってきます。

「碁《ご》に負けたら将棋《しょうぎ》に勝て」という言葉があります。これは、スポーツが苦手なら勉強で見返せ、といった単純な話ではないと思います。そうではなく、何かすごく小さな一点でも「誇《ほこ》れる自分」を探す。そんな気の持ち方のことではないでしょうか。

つまり、もしテストの結果がイマイチだったとしても、行動ログによって、

「1週間、勉強のために早起きした」

「計画を立てて実行した点はなかなかいい」

「国語はコツをつかめたのでは」

と思えれば、少しずつ自信になっていく。

では、ダメな行動はどうするか。しっかり書いて反省材料にする、という考え方もあるけれど、私は記録しないでいいと思います。何も書かないと、あとで「この空白《くうはく》の時間は？」となってしまうので、「学校だった」「家にいた」とか、大枠《おおわく》だけ記録して終わりにする。「しっかりやってる実感」と同様に、〝アラ探し〟もやろうと思えばいくらでもできま

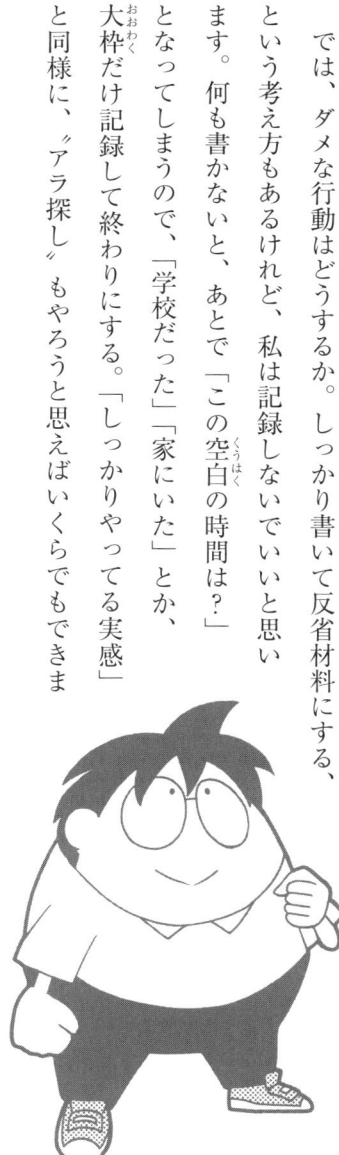

す。わざわざ手間ひまかけて、苦《にが》い味を嚙《か》みしめる必要はありません。

私の場合、仕事が期待どおり進んだときは「午前中で□□を終わらせた！」と具体的にノートに書きます。しかし、机に向かっていても仕事がまったく進まなかったときは「午後もWORK」と、形式的な記録に留《とど》めておく。ダメだったことは書かなくてもじゅうぶんわかっているのだから、これでいいのです。

行動ログは、「正確な記録」である必要はありません。生活を書き残すことが目的ではなく、あくまで自分を〝乗せる〟ための手立《てだ》てだからです。

この項《こう》の始めに、「自信は『ない』のが当たり前」「強引に作り上げるしかない」と述べました。

ないところに無理して作ったわけですから、当然、すぐ壊《こわ》れます。砂の城のように、放っておくとぼろぼろと崩《くず》れてきて、すぐに原型を留《とど》めなくなってしまう。これを防ぐには、修復と補強を繰り返していくしかありません。延々と、できれば一日も休まずに、です。

行動ログによって「日頃《ひごろ》から自分はしっかりやっている」という手応《てごた》えを味わうことは、このような確認でありメンテナンスです。いわば線路の保守点検《ほしゅてんけん》や旅客機《りょかくき》の維《い》持管理《じかんり》のようなもの。地味だけれど、これほど重要な作業はありません。

どんな人でも、小さなファインプレーはあります。それを見つけるために、ノートを使っていきましょう。

ネガティブ除去《じょきょ》！

CASE

人間関係のモヤモヤ

人気者ってわけじゃないけど、友達は多いほう。理由は気を遣《つか》っているからだと思っている。ほかの子は陰口《かげぐち》とかで敵を作っている。でも私は言わない。ただ、とくに好きでもない友達から遊びに誘《さそ》われたときとか、当日になって面倒くさく

感じたりもする。何か理由をつけて断《ことわ》っとけばよかったって……。自分はひどい人間かな？

前章では、「コレクション」について「イマイチなものはノートに収録しない」と書きました。同様に、行動ログにおいても、気が滅入《めい》るようなことは具体的に書かないことが肝心《かんじん》です。

とくに「イヤな体験」は、可能な限り書き残さないほうがいい。モノをなくしたくらいならいいけれど、友達と口論《こうろん》になった、親から傷つくことを言われたといった本気で落ち込む経験は、書かないでください（いじめや虐待《ぎゃくたい》など、関係機関に訴《うった》えるようなケースは別です）。

理由は単純で、思い出しながら手書きすると記憶《きおく》に残るからです。さらに、そのページを後で見て「うわ……」と思うと、さらにその回路《かいろ》が強化されてしまう。愉快《ゆかい》だったことより、イヤだったことのほうが印象に残るものです。料理にハエがとまったように、すべて台無《だいな》しになりかねません。

先ほど、「仕事が進まなかったときは具体的に記録しない」という話をしました。さらに私は、思い出したくないようなことは、ほとんどノートに痕跡《こんせき》を残さないように気をつけています。つまらない集まりに出席してお金と時間を無駄《むだ》にしたな、と思ったときは「△時まで会合《かいごう》」とだけ書く。会った人は基本的に「□□氏と話した」とメモしているけれど、イヤな人（めったにいませんけど）だったら名前はカットです。

行動ログには、やったこと・行った場所・会った人・交わした会話・聴《き》いた音楽など、何を書いてもいい。しかし、ネガティブな感情を呼び起こすものだけはやめておきましょう。

ケースに挙げたような人間関係の悩《なや》みは、感情を整理するためにコピー用紙にメモを書いてみるのならアリでしょう。ただ、行動ログとしてはノートに残さないほうがいいと思います。「モヤモヤを抱《かか》えている」という意識が強化されてしまうからです。

そんなことより「いい関係性」「好きなところ」に注目して、できれば具体的に書き残しておく。友達と話に花が咲《さ》いたなら、「雑談」ではなく、「○○たちとマンガの話で盛り上がった！」と書いておきましょう。

行動ログは自分をアゲるものでなくてはなりません。しっかり書くべきことにエネルギーを注《そそ》ぐためにも、そのほかの記録は略字《りゃくじ》や記号で簡素《かんそ》にしておくのがいいでしょう。

「数学のテスト対策をした」「英作文のドリルをやった」など、きちんと書く必要はなく、「MATH」や「ENG」でいい。

しかし、「土日の宿題を1日で終わらせた」「先週からやっていたレポートがついに完成！」といった華々しい成果は、しっかり具体的に書いて達成感を強化しておきましょう。ちゃんと金字塔《きんじとう》を建てておくのです。

こうすると、ノートの中に「ダメな自分」や「イヤな体験」は、ほとんど登場しない結果になります。反対に「しっかりしている自分」「計画通りやり遂《と》げた成果」は、だんだん蓄積《ちくせき》されていく。

すると何が起きるか。

そのうちに、「書かなかったこと」は「なかったこと」のような感覚になってくるのです。つまり、ある程度は記憶をコントロールできる。完全に忘れたいことを忘れるのは無理でも、意識に上《のぼ》る頻度《ひんど》は減らせる。速《すみ》やかに頭の中から追い出せる。

これは、賛否両論《さんぴりょうろん》あるかもしれません。あったことをなかったことにしちゃいけない、苦しみと向き合うのも大事なことだ、と言われればその通りです。でも、私は「いまこの瞬間」を楽しく生きることも、同じくらい大切だと思います。艱難辛苦《かんなんしんく》は乗り越《こ》えられれば宝になるけれど、往々《おうおう》にして過去に囚《とら》われることになりがちです。

たとえ邪道《じゃどう》と言われても、私は行動ログを通じてゴキゲンに生きていくことを選ぶ。みなさんもそうしてほしいと願っています。

要《よう》するに、ノートを使って「自分のイメージアップ」をしていくわけですね。「具体的に書くこと」と「スルーすること」の使い分けで印象をコントロールし、「ちゃんとやってる自分」「充実している毎日」という演出《えんしゅつ》を加えていく。

コレクションやスクラップ、行動ログでいっぱいになったノートは壮観《そうかん》です。板書《ばんしょ》や練習問題ではなく「自分のこと」でいっぱいなので、愛着《あいちゃく》も湧《わ》きます。何カ月も持ち歩いていると使用感も出てくる。正真正銘《しょうしんしょうめい》の「肉筆《にくひつ》」だから、なんとなく「積み上げてきた努力」「ためになる経験や試練《しれん》」のように見えるのもポイントです。

ノートによって自分の足跡《あしあと》が見えると、「こういう道をたどって、いまここにいる」といった連続性を味わえます。精神のコンディションを整えたり、自信を培《つちか》ったりするだけでなく、「生きている実感」にもつながっていくのです。

「生活ログ」で好調キープ

CASE

細かいことが心配

しっかりした性格とよく言われるけれど、そのぶん、こまごましたことが異常に気になって疲れてしまう。「プリントの抜《ぬ》けがないか」「シャープペンの替《か》え芯《しん》があるか」など、ミスってもどうにかなるものまで完璧《かんぺき》じゃないと気持ちが沈《しず》む。そんなことよりテスト対策とか、本当に大事なことにエネルギーを注ぎたいのに……。

多くの場合、心の乱れは体の不調からきています。
わかりやすい例が空腹ですね。いつもは温厚《おんこう》な人でも、胃袋《いぶくろ》が満たされていないと怒《おこ》りっぽくなる。裁判官《さいばんかん》の腹が減っている昼前や夕方は厳しい判決《はんけつ》が出やすい、という説もあります。余談《よだん》ですが、私はいつも朝食前に散歩するので、帰宅直後は腹ペコです。で、家族によれば「見るからにイライラしているので、話しかけないようにしている」とのこと。本人はそんなつもりないんですけど。

また、痛みや不快感も大きい。靴擦《くつず》れや虫刺《むしさ》され、口内炎《こうないえん》など、まったく命にかかわるようなものでなくても、人は「もうイヤだ」とか「帰りたい」とか思ってしまう。外で遊んでいたとき、手にトゲが刺さって一気に気持ちが沈んだ、といった経験はだれしもあるでしょう。心のバランスは些細《ささい》なことで崩《くず》れるのです。

このケースで取り上げたような不安定な心理状態も、まずは体がじゅうぶんに満たされているかを点検してみるべきでしょう。あえて乱暴に言うなら「しっかり食べて、ゆっくり風呂に入ってすぐに寝ろ」というわけです。

こういうことを予防するためにも、ノートを活用してみてください。

睡眠時間や食事、運動量、服用《ふくよう》した薬の種類などを「行動ログ」と一緒《いっしょ》に残しておきましょう。たとえば私は、ほぼ毎朝、次のような「生活ログ」を仕事前に書いています。

[231213] 8:30@カフェA
D：ビール500㎖・日本酒・唐揚《からあ》げ×4・ライス100g
ZZ：22−6（8h）
M：ライス150g（納豆《なっとう》・生たまご）・みそ汁《しる》（小松菜《こまつな》・しめじ）

昨日の夜に飲み食いしたもの（ディナーのD）、睡眠時間（擬音《ぎおん》のZZ）、そして今日の朝食（モーニングのM）を簡単にメモしたものです。可能な限り記号を使って省力化《しょうりょくか》しています。

これだけだと、なんてことない生活ぶりの記録です。しかし、毎日できる範囲《はんい》でノートに書き残して、蓄積されてくると大きな効果を発揮《はっき》します。たとえば「なんとなく体がだるい」「最近よく昼間に眠《ねむ》くなる」といった、ちょっとした不調を挽回《ばんかい》したいケースです。

4時間しか寝ていないから体がだるい、といったことはだれでも自覚《じかく》できる。しかし、6時間半の睡眠が4日続いた場合はどうでしょう?「なんとなく調子が悪い」と思っても、睡眠不足の自覚がなかったら原因不明のままで、解決もできません。

いや、そもそもほとんどの人は「自分のベスト睡眠時間」を把握《はあく》していないでしょう。個人差も大きいそうです。6時間で平気な人もいれば、8時間以上寝ないと頭が働かなくなる人もいる。また成長や加齢《かれい》によっても変わっていくので、「生活ログ」を続けながら、つかんでいくしかありません。

あと、多くの中高生はまだ必要ないと思いますが、自分で料理したりお弁当を作ったりするようになったら、ぜひ食生活の記録を残してみてください。

まず、書くことで、暴飲暴食《ぼういんぼうしょく》や栄養不足を自覚し、改めるきっかけになります。朝に、昨夜のことを思い出して「23時にポテトチップス1袋・アイス1個・コーラ2

本」とメモするときは、だれでも「もうちょっと我慢《がまん》したほうがいいかも……」と思うでしょう。

こういうとき、「イヤなことは書かない」の原則でスルーするのも手です。しかし、こんなふうに「やっちゃった」と言える程度のことなら、積極的にログを残しておくのがいいと思います。記録しないで頭の中だけに留《とど》めておくと「自分はダメなやつだ」という感覚だけが残ってしまう。それは漠然《ばくぜん》とした自己嫌悪《じこけんお》へとつながっていきます。

こうなる前に、先手必勝で書いてしまいましょう。記録を通じて、不完全な自分を認め、過剰《かじょう》な責めを負わせないようにしておく。たまには間違いもするけれど、全体的には信用できるやつだ、と。いわば「ダメな自分」との調停文書《ちょうていぶんしょ》ですね。

さらに、ノートの記録によって、数日間のうちに口に入れたものが把握できれば、不調の原因を探ることもできます。

私の場合、こんなことがありました。1年ほど前、出張から帰った翌日、夕食中に急に気持ち悪くなって腹を壊《こわ》した。次の日もその次の日も、ずっと胃腸《いちょう》の調子が悪くてトイレから離《はな》れられない。風邪《かぜ》とも違う気がするし、食中毒《しょくちゅうどく》か？　いや、そんなヘンなものは食べていない。しかし、旅の疲れで抵抗力《ていこうりょく》が落ちているということもあるぞ……。

と、ノートで1週間ほど食生活をさかのぼってみて気づきました。原因は「ごちそう」だったのです。確かに暴飲暴食はしていない。ところが、旅の高揚感《こうようかん》のせいか内容は激変していた。トンカツ・ステーキ・焼肉・唐揚げ、と肉と脂《あぶら》と塩だらけだった結果、胃腸がくたびれてしまったのかも……。そう考えて、2日ほど肉をやめて素食《そしょく》にしたら、ケロリと治りました。

几帳面《きちょうめん》なつもりでも、長期的な食の偏《かたよ》りはなかなか自覚できません。いい年してバカみたいですけど、調子が悪くなるまで「脂っこいものばかり食べている」ということすら気づかなかったのです。

以上は不調のケースですが、逆も然《しか》りです。日々の学業やスポーツで「好調」を作るためにも、生活ログを活用しましょう。

おすすめは、ごはんの量を把握しておくことです。茶碗《ちゃわん》１杯《ぱい》で１５０〜１８０ｇくらいなので、おかわりするとだいたい３００ｇ以上ですね。自分の茶碗にごはんを盛《も》ると何グラムになるか、一度、秤《はかり》で計量してみてください。そして、食べたらメニューとともに「ライス１８０ｇ」という具合に記録していく。

これを続けていると、「おかわりは半分（２５０ｇ以下）にしておかないと午前中の授業で眠《ねむ》くなる」「部活の朝練があるときは４００ｇ以上は食べておかないと体がもたない」といったことがハッキリわかるようになります。

いま、自炊《じすい》している読者は少ないと思います。しかし、大学生や社会人になって一人暮らしを始めたとき、食生活がどれだけ重要かわかるでしょう。生活ログを続ければ、中高年になって体を壊すのを避《さ》けられるかもしれません。母子手帳《ぼしてちょう》や育児日記《いくじにっき》のように、自分のお世話をするのに使っていくのです。

睡眠や食を通じたコンディション調整は、勉強や仕事といった目前の課題のパフォーマンスに関わってきます。それは同時に健康管理につながり、長い目で見ると将来の社会活動や家庭生活、老後《ろうご》へと影響《えいきょう》をおよぼしていく。

今日の睡眠や食事が一生を左右する、と言っても大げさではありません。

第8章

ノートで「夢を叶える」

WORLDLY WISDOM FOR 14 YEARS OLD

ページの蓄積《ちくせき》から自分を作る

いよいよ本書も最終章です。

はじめは、手書きで頭のごちゃごちゃを片づけることからスタートしました。以降は、課題をクリアしたり悩《なや》みや不安に対処《たいしょ》したり、アイデアや発想を生み出していったりするためのメモ作りでした。

続いて、ノートが登場してからは、気持ちをアゲたり好きなものを見つけたりする方法について。さらに、コンディションを整えてパフォーマンスを上げたり、体験や記憶《きおく》を心の糧《かて》にしたりするための活用法を語ってきました。

最後に紹介《しょうかい》するのは、自分を作るためのノートの使い方です。何をどう書くか、貼《は》るか、よりも、自らの記述で埋《う》まったページや使い切ったノートを「自己《じこ》を裏打《うらう》ちするもの」にしていく。そんなアプローチを語ります。

自己形成といっても「人格を磨《みが》け」「立派になれ」とかいう話ではありません。ノートへの手書きを通じて自分を理解し、その持ち味をつかむ。そして、世の中を渡《わた》っていくための力に変えていく。そんな、自分なりの生き方を見出《みいだ》すきっかけになることを目指しています。

夢や目標といった話になると、世の中では、成功や勝利といった結果ばかりが注目されます。

歴史的な逆転劇《ぎゃくてんげき》、神ワザの技術、超人的《ちょうじんてき》な体力、圧巻《あっかん》の表現力、煌《きら》めく知性《ちせい》……。

しかし、本当に見つめるべきはこういったものより、それを培《つちか》う過程《かてい》や土台、つまり日々の練習や生活スタイルのほうではないでしょうか。

勉強でもスポーツでも大切なことは、日々黙々《もくもく》とやり続けることです。「△△だからやる・やらない」ではなくて、やるべきことを淡々《たんたん》とやる。うまくいった・ダメだった、とか一喜《いっき》一憂《いちゆう》せず、練習を繰《く》り返す。結果が出なくてもやる。出てもやる。

飽《あ》かず、倦《う》まず、撓《たゆ》まず、反復、反復、反復です。

私も自分なりに頭と体を鍛《きた》えています。ものを書くには知識や思考力だけでなく、意外に体力が要《い》る。毎日のトレーニングが大切です。ウォーキングは疲《つか》れるし、経済や国際問題の本を読むのもかなり面倒《めんどう》くさい。それでも、べつに歯を食いしばって続けているわけではありません。進歩や成長を感じることがほとんどなくても、コツコツと続けています。

このような反復に耐《た》えるマインドの秘訣《ひけつ》が、ノートだと思っています。継続的《けいぞくてき》にノートを使っていくことで、いま味わっている負荷《ふか》に「将来につながっている」というストーリー性を与《あた》えることができます。すると結果だけでなく、過程にも意味を感じられるようになる。そして、うまくいかなくてもへこたれない、しぶとい精神を養《やしな》っていくことができるのです。

何かしんどいことを続けるとき、SNSにイケてる写真をアップしたり、トレーニング報告を共有して励《はげ》まし合ったりするのも手です。しかし、1人で完結するほうが手軽だし、精神も安定するでしょう。

早く結果を出したい気持ちはわかるけれど、焦《あせ》りは禁物《きんもつ》です。じっくり時間をかけて天候や地形をチェックし、念入りに足場《あしば》を固《かた》めながら進んでいかないと遭難《そうなん》してしまいます。

1冊のノートは、しっかりと自分の道を進んでいくためのサポーターなのです。

ノートで「切り抜《ぬ》き学習」

CASE

苦手だけど必要

英語が嫌《きら》い。進学に必要だから勉強しているけど、数学や社会のほうがずっと楽しい。とくに英単語のスペルを覚えるためのノートとか、単純作業の繰り返しで本当にイヤになる。定期試験だけじゃなくて英検対策もあるし……。就職でも英語系の資格は有利なので、本当は前向きな気分で英語に取り組みたいんだけど。

ノートは、「好きなこと」で埋め尽《つ》くすことが大切です。記念となるものを貼るにしろ、行動や生活を記録するにしろ、あとで目に入ったとき「いいな」と思える紙面を作っていく。そうすることで、気分を盛《も》り上げるとともに人生を充実《じゅうじつ》させていくことができます。

ただ「好きなこと」が、常にラクで心地よいこととは限りませんね。ときには、あえて面倒で疲れるようなことをやってみたくなるのも人間です。

休日、家でダラダラしていると、なんとなく「友達に声をかけて勉強会でもやろうか」と思いつく。普段《ふだん》、少年マンガを買っているのに、今日はなぜか大人向けの小説を読んでみようという気分になる。いつもクルマで送ってもらっているショッピングセンターまで、自転車で行けるか試したくなってきた。

私は本を選ぶとき、簡単に読める入門書ではなく、あえて分厚《ぶあつ》い専門書や研究書を選ぶことがあります。当然、読みきれない。一部しかわからない。その上、けっこう疲れる。しかし、そのぶん「レベルの高い本に挑戦《ちょうせん》した」「何か得られたんじゃないか」といった手応《てごた》えは感じます。

あまりラクすぎると、もの足《た》りません。ぬるま湯でダメになるような気がする。反対に、かなり負荷を感じるくらいのもののほうが、歯応《はごた》えがあって満足する。つまり、なんらかのかたちで学びがあったり、成長につながるようなもののほうが「好き」なこともある。

みなさんは、「憧《あこが》れるけど太刀打《たちう》ちできない」「知りたい気はするものの苦手」「理解したいが無理っぽい」といったものはないでしょうか？　例を挙げれば、ウクライナ情勢《じょうせい》や中東問題《ちゅうとうもんだい》などの国際ニュース、株式市場《かぶしきしじょう》や財政《ざいせい》といった経済報道、それに宇宙開発やバイオテクノロジーの話題などです。

もし「手強《てごわ》そうだけど興味はある」というものが出てきたら、ノートを使ってじっくり克服《こくふく》していきましょう。

たとえば国際ニュースでいえば、記事を読んでちんぷんかんぷんだったとしても、地図や年表、統計やグラフを眺《なが》めることはできます。そして、「この問題は×年前から続いているんだな」「ニュースでよく聞く△△って、ここなのか」と思ったら、「切り抜き学習」をやりましょう。

新聞や雑誌の記事から年表や地図だけを切り抜いて、ノートに貼《は》っておくのです。とくに感想を書き加える必要はありません。愛用《あいよう》のノートにあること自体が「興味深く感じた」ということを示すからです。

6章で「ノートに収録すれば関係性が深まる」と書きました。「手間ひまかけて、わざわざスクラップした」という事実が、それを特別なものだと思わせる要因になる。「好きだから切り抜いた」に、「切り抜いたから好き」の裏打《うらう》ちをすることになるわけです。

「切り抜き学習」において、これが苦手意識の克服につながります。つまり、だんだんその分野に対して親《した》しみやとっつきやすさを感じるようになる。そして、そのうち「なんとかなる」「まあ大丈夫《だいじょうぶ》」という感触《かんしょく》を持てるようになってきます。

たまたま興味を持って中東の地図を貼れば、そのノートを持ち歩いている間にチラチラと目に入ることになります。「繰り返し見て頭に入れなくちゃ」と考える必要はありません。ただ「例の地図が貼ってあるな」と思うだけでじゅうぶんです。

すると、次にテレビで「イスラエル」や「パレスチナ」といった言葉を聞いたとき、なんとなく地図がイメージできるようになってくる。また、国際ニュースを読んでみると、少しだけ理解できるところが出てくる。あとは、そこを手がかりに学びを深めてもいいし、もっと〝お馴染《なじ》み〟になるまで切り抜きを繰り返してもいい。

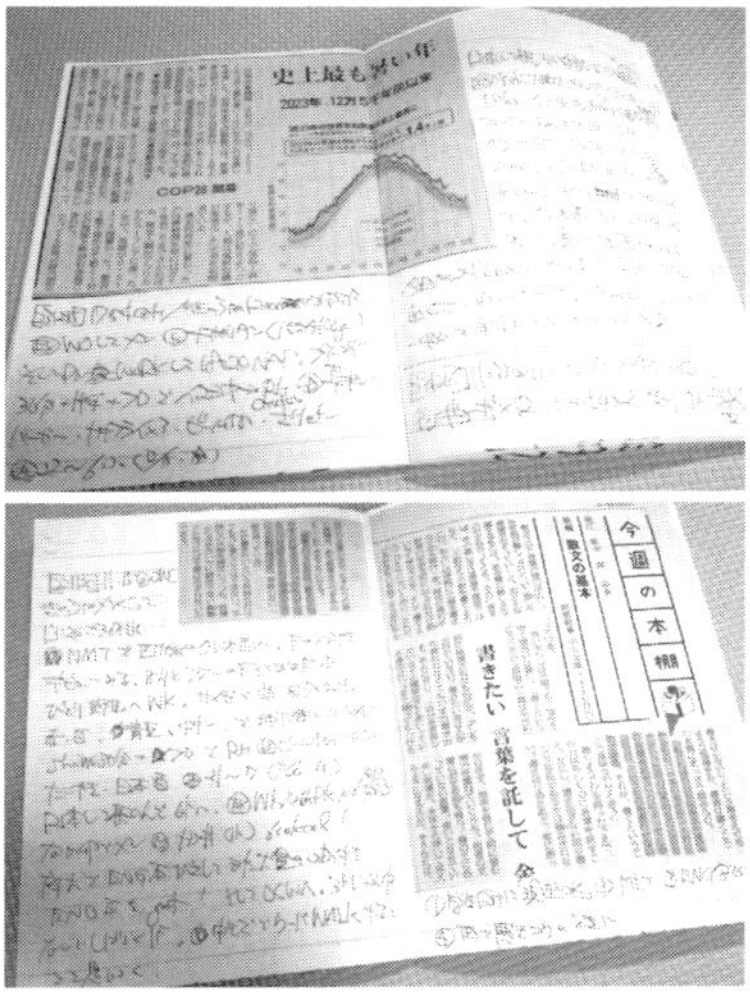

興味深い記事を切り抜いて、ノートに貼っておく

ただし、この「切り抜き学習」には、ひとつ大きな注意点があります。

完全に興味が持てないものはダメ

です。そのトピックが「手強いけれど興味がある」から効果的なのであって、「知りたい」「理解したい」「憧れている」といった、内からの欲求《よっきゅう》がないとほぼ無駄《むだ》です。言い換《か》えれば、みんなが関心を持っているとか、先生が「中高生のうちに読んでおくべき」と言った、などということを判断材料にしてはいけません。

自分がどう感じるかがすべてなのです。

今回のケースのような状況《じょうきょう》なら、英語の勉強が嫌いでも、海外旅行への憧れや英語《えいご》圏《けん》のカルチャーへの関心があれば、そこを突破口《とっぱこう》にして「切り抜き学習」で苦手意識を克服できるでしょう。このように突《つ》き詰《つ》めて考えることで、自分への理解も深まっていきます。

「手強いけれど興味はある」か、「手強いし興味もない」か。

この見極《みきわ》めをしっかりやらないと、じわじわ害がおよんできます。なんの興味もない地図とか、イヤな気分になる統計が収録されていると、だんだんノートを使いたくなくなってくるのです。6章の「コレクション」で「イマイチなものは収録しない」

と言ったのと同じ話です。

たとえ何かを学ぶためであっても、ノートは徹頭徹尾《てっとうてつび》、主観的《しゅかんてき》に使いましょう。自分の、自分による、自分のためのノートです。

「時系列《じけいれつ》ノート」で遭難回避《そうなんかいひ》

CASE

行き詰まり感

小学生の頃《ころ》から真面目《まじめ》だったので、授業を真剣《しんけん》に聞いているだけで100点が取れた。中学になってもそれほど必死に勉強しなくても、成績順位は学年上位に入っている。「××は、頭よくていいなぁ」とよく言われるんだけど、私には将来のビジョンがない。有名になりたいわけでも、特にエリートになりたいわけでもない。自分はヘンなのかな?

進むべき目標が見つからず、将来のビジョンがぼやけている――。

だれでもそういう時期はあるし、そんな状態が続いてもべつにいいと思います。「成《な》り行《ゆ》きまかせ」もひとつの知恵《ちえ》でしょう。

問題は、そのことでクヨクヨ・オロオロすることです。その結果、自己嫌悪《じこけんお》に陥《おちい》ったり、焦って自分らしくないことをやりだしたりする。道が見えないことそのものより、こちらのほうがずっと怖《こわ》い。ややもすると自滅《じめつ》してしまうのです。

迷ったときは、自分のこれまで通ってきたルートを確認し、現在の状況を整理しましょう。

ここで、「長い巻物《まきもの》」としての時系列ノートが生きてきます。

5章で説明したように、コレクションやスクラップをはじめ、行動や生活のログ、記念ページなど、あらゆるものを時間順に収録してあれば、時の流れは一目瞭然《いちもくりょうぜん》です。

昨日の行動ログは直前のページであり、3日前のスクラップはさらに前、といった具合ですね。

ノートを数ページめくっていくだけで、手軽かつ直感的に「来た道」を振《ふ》り返ることができるわけです。

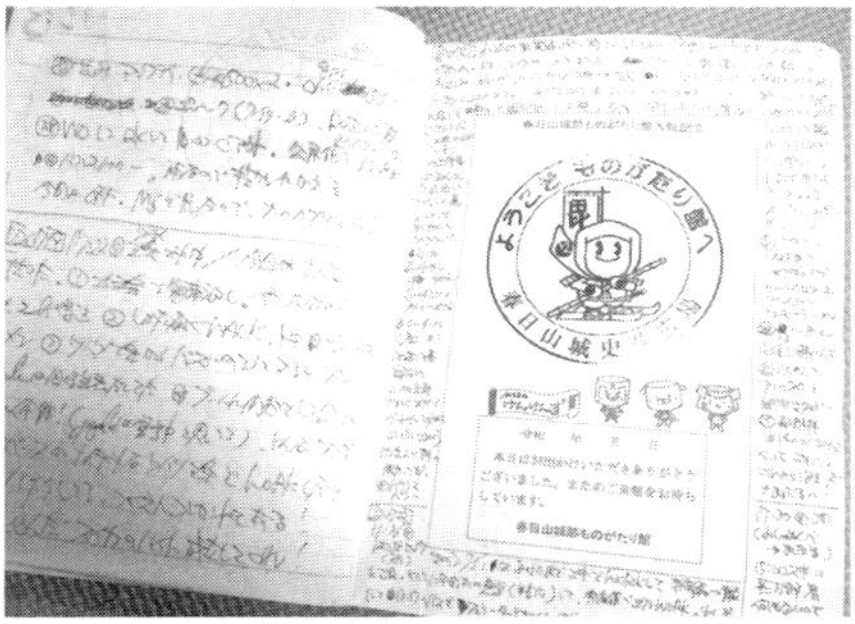

旅先の記念もノートに貼って記録する

たとえば、私のノートは手書きの記録だけでなく、コレクションや切り抜きなどが入《い》り交《ま》じっています。その結果、旅行の記念ページの前後の行動ログを見ると、「こういうタイミングで行ったのか」「帰ってから仕事が大変だった」などといったことがわかる。さらに数ページ前に貼りつけてある本の帯《おび》を見て「この本、あそこの宿で読んだっけ」「いま思えばちょっと悩んでたな」と思い出せることもあります。つまり、「旅の記録」に書かれていないことまで読み取れるわけです。

普段の生活でも同じことが言えます。仮に、部活の練習メニューを書き残した前後に、睡眠時間《すいみんじかん》や勉強のログが残っていれば、「この時期、めちゃくちゃ忙《いそが》しかったな」という具合に、当時の生活ぶりがうかがえるでしょう。同時に「でも、乗り越《こ》えた！」「あのときより成長している」と誇《ほこ》らしく思える場面も出てきます。

さらに、ごちゃまぜになっているほうが見た目も賑《にぎ》やかで、なんとなく実《み》になる日々を送っているような気分になれる。

このケースのように、なんとなく生き方に迷ったようなときは、とりあえず使用中のノートをパラパラめくってみましょう。ほかにも、行動や生活のログを書き込《こ》んだりするついでに「先月、何してたっけ？」と確認してみるのもいいですね。

「サボってばかりじゃなく、がんばっている日もある」

「自分もまあ、捨てたもんじゃないな」

こんなふうに過《す》ぎ去った日々を有意義《ゆういぎ》に感じたり、楽しく暮らしてきた雰囲気《ふんいき》を感じ取れたなら大丈夫です。そこで、もし「ひときわ輝《かがや》いている自分」や「キラキラしてておきましょう。

た思い出」を見つけたら、また迷いを感じたときにすぐ参照《さんしょう》できるよう、付箋《ふせん》を貼っておきましょう。

来た道を戻《もど》ることはできないけれど、振り返ることはできるわけです。

山で遭難《そうなん》するのは、地図をこまめにチェックしないからです。迷ったとしても、直前まで正しいコースを歩いていたなら、一瞬《いっしゅん》で大きく外《はず》れることはありえません。ちょっと視界が悪くなっていても、落ち着いて行動すれば、そのうち霧《きり》は晴れます。

反対に、時系列ノートを振り返ってイヤな感じがするときは要注意です。そもそも、あとで見たときにネガティブな気分にならないようなノートを作ってきたはずですね。ひょっとしたら、何か狂《くる》いが生じ始めているのかもしれません。

しかし、それでも焦らないでください。まずは深呼吸です。そして公園を散歩するとか、お気に入りのマンガを読み返すとか、リラックスして今日からの生活を考えていきましょう。

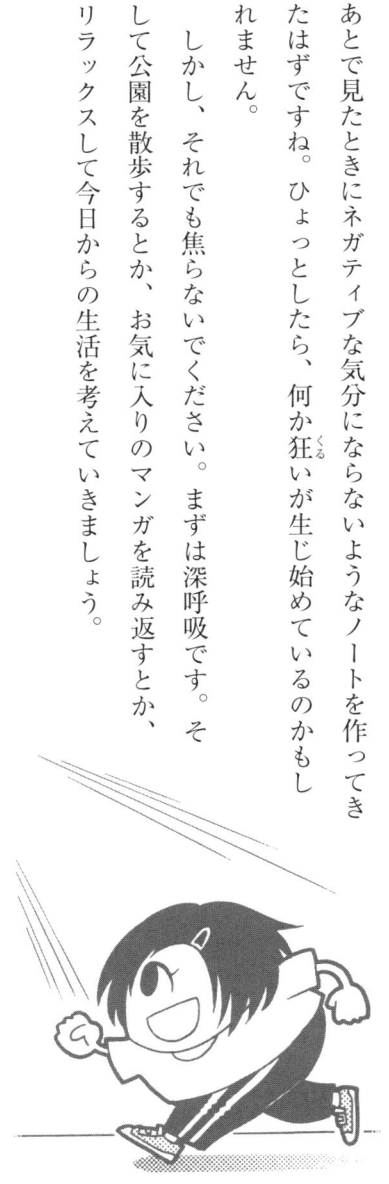

違和感《いわかん》に気づけただけでも、収穫《しゅうかく》なのです。少なくとも、闇雲《やみくも》に進んでさらに迷いを深めていくことは避《さ》けられる。ものごとは悪化しない限り、だいたい時が味方《みかた》してくれるものです。そのうちに追い風が吹《ふ》いてきたり、わずかなチャンスが生まれたり、見過《みす》ごしていたヒントに気づいたりする。だから、あえて動かずに、体力と気力の回復を図《はか》るのもひとつの手です。

人生には、地図も海図《かいず》もありません。みんな「数年前には想像もしていなかった現在」を歩いています。それでも、ずっとノートを使い続けていれば、これまでの自分の軌跡《きせき》だけはつかめる。そこから進行方面も推測《すいそく》できるし、軌道修正《きどうしゅうせい》したいときの手がかりも得られます。

時系列ノートを、前に進むための指針《ししん》としてください。

漠然《ばくぜん》とした自信

CASE

夢は叶《かな》う？

小さい頃から、将来は声優《せいゆう》になりたいと思っている。中学に入ってからは演劇《えんげき》部《ぶ》で活動していて、発声《はっせい》や芝居《しばい》のトレーニングも続けている。それでも声優になれるのは志望者の一部で、食べていくのも難しい世界だと、ネット上のインタビュー記事で読んだ。うーん、自分にはその狭《せま》き門をクリアする才能があるんだろうか？

14歳《さい》のとき、私はライターになろうと思いました。
地元の図書館で、棚《たな》の前に立ったまま本をパラパラめくっていて、そう思ったのを覚えています。べつに「絶対になるぞ！」と決意したわけではなくて「進むならこの道かな」といった程度の感覚でした。文章を作る仕事がしたいけれど、小説が書きたいわけではないし、新聞は硬《かた》すぎてイヤだし……といったモヤモヤ感が晴れた瞬間でした。世の中には、文学やジャーナリズムとあまり関わりのない「雑文《ざつぶん》」というジャンルがあることを知ったのです。

その日から、本や雑誌の読み方が変わったような気がします。簡単に言うと、分析《ぶんせき》的《てき》に読むようになりました。たとえば、おもしろい本を見つけたら、楽しみながらも、頭の片隅《かたすみ》で、「この一文が効果的だな」「言葉の選択《せんたく》がおもしろい」といったことを考えている。

そして、大学時代からノートを使って〝武者修行《むしゃしゅぎょう》〟するようになりました。愛読書から「お手本《てほん》にしたい」と思った文章を書き写したり、雑誌を読んでいて「うまい！」と感じたコラムをスクラップしたり、といったことです。「理解しておかなきゃ」と思った経済ニュースや統計解説《とうけいかいせつ》などを切り抜いて、学びの糸口《いとぐち》を探すことで、知識も増やしてきました。

また、ときには哲学的《てつがくてき》なテーマや時事問題《じじもんだい》について、自分で考えたことを忘れないように書きつけておきました。ほかにも、ふと思いついた何かで使えそうなフレーズや言い回しをメモしたり、簡単な図やイラストを描《えが》いたり……。旅行中は、車窓を眺めながら考えたことをメモし、家に帰ったら記念ページを作りました。

そのうち、就職活動を経《へ》て社会人としての生活が始まりました。

ノートには、業務上のメモやアイデアといった記述が増えました。日常的なTODOをはじめ、仕事の段取り、スケジュールといった内容です。

さらに、会社を辞めてフリーランスになってからは、自己管理が最大のテーマとなりました。文字通り「体が資本」なので、日々、自分を長期的に効率よく稼働《かどう》させていくための生活スタイルや心構《こころがま》え、といったことを考え続ける。さらに少しでも能力を鍛えていきたい思いから、大学時代にしていたような文章修業のための手書きや切り抜きが復活しました。

26年分を記録したノートの一部

また子供の成長記録も書き残してあります。かわいいセリフやユニークな言動を書き残したメモ、入学などの記念的なイベントの記録、絵や手紙もほとんどノートに収録されています。当時は「こんなの残しておいても仕方ないかな？」と思っていたけれど、いまでは宝物です。子供の成長は早いと聞いていたものの、実際に味わうと想像を絶するスピードでした。

　本棚には、過去数年分の使用済《しようず》みノートが並んでいます。それより前は段ボール保管です。取り出すことはそれほどありませんが、毎日、背後《はいご》の本棚とクローゼットから、太字マジックで番号が書かれたノートたちの存在をひしひしと感じます。

　たまに年末などに読み返してみると、「よくこんなことやってるな」と思う。普通じゃない。いや、ひとつひとつの行為《こうい》はありふれたことだけれど、ここまで地道《じみち》にやり続けている人は、あまりいないような気がする。

じつは、会社を辞めた直後の6年間くらいは、悩みの多い日々でした。その頃《ころ》のノートを見ると、行き詰まった空気や切迫感《せっぱくかん》が伝わってくるページもある。いま読み返してみるといろいろ思います。

「あのときはヤバかった……。でも最終的にきっちりクリアした」

「キツかったけど、いま思えばそこまでシリアスになる必要なかったな」

「これもまた厄介《やっかい》な問題だったな……ってあれ？　結局どうしたんだっけ？」

膨大《ぼうだい》な手間と時間をノートに費《つい》やしてきましたが、こういう気分が味わえるなら、価値はあったと思います。

考えてみれば当たり前です。何かの壁《かべ》にぶち当たってそのまま沈没《ちんぼつ》していたら、いま振り返って感慨《かんがい》にふけることなどできません。言い換えれば、いま楽しく生きているということは、過去に自分を悩ませてきたアレコレを乗り越えたから。「クリアした」とまでは言わなくても、なんだかんだで、うまくやってきたからなのです。そして以上のことから導かれる結論は、次のひとことです。

いまゴキゲンなら、何も問題なし！

しかし、このようなあっさりした感覚が、人間の頭にはうまく理解できません。自分でもいま書いていて「そうかな？」と思わないでもない。いまのような困難な時代に、こんな呑気《のんき》なことを書いて大丈夫か、炎上《えんじょう》しないか、と。

とはいえ、不幸な気分より幸福な気分のほうがいいのは間違《まちが》いない。そう思えば、こういう無邪気《むじゃき》な主張も許されるかな、という気がします。ものごとは難しく考えるより、簡単に考えるほうが難しいのです。

さて、次は未来に目を移してみましょう。

時系列ノートの使い手である私には、自分が繰り返すパターンや「型《かた》」のようなものが見えています。つまり、×年後に「大変だったけど、乗り越えられたな」と言っている自分が、かなりリアルに想像できる。いま頭を悩ませている困難や解決の見当《けんとう》もつかないような事態も、結局はなんとかするのだろう、と。過去のノートをめくれば、これまでもそうしてきたことがわかる。信用に足《た》るだけの物証《ぶっしょう》があるからです。「なんだかんだで来週の自分がクリアするに違いない」と。

こういう感覚を私は「漠然《ばくぜん》とした自信」と呼んでいます。

世の中、「漠然とした不安」は掃《は》いて捨てるほど耳にするけれど、「自信」のほうはまったく聞きませんね。とくにこの日本では「なんとなく自信がある」なんて口にしたら、関わってはいけない人だと思われてしまいそうです。

でも、これはすごく大切なことではないでしょうか。べつに「△△だから」という根拠《こんきょ》はなくて、ただなんとなく「自分ならなんとかする」と信頼《しんらい》している。要《よう》するに次のような世界観《せかいかん》ですね。

「自分は意外としっかりやってきたし、いまもそうだから、これからもそうなんだろう。将来もきっとうまくやっているだろう」

恐《おそ》ろしいほどフワッとしています。しかし、だからこそ折れない。吹けば飛ぶかもしれないけれど、破壊《はかい》されはしない。

この感覚がわかるには、けっこう年月がかかるでしょう。数カ月や半年では難しい。でも、しっかりとコレクションやスクラップをし、手間をかけて行動や生活のログを残し、労《ろう》を惜《お》しまずにノートに向かっていれば、短期間で「なるほど、こういうことか」といった手応えくらいはつかめると思います。

学生の場合、期末試験や文化祭など、シーズンごとに似たようなシチュエーションを経験するのがメリットです。おそらく「去年もこういうので大変だったな」といった発見が出てくるはずです。大人より生活サイクルがハッキリしているぶん、勘《かん》をつかみやすいでしょう。

世間では、よく「自分を信じよう」と言います。しかし、そんなことを口で言っているだけではダメです。

人間は、そんなものわかりのいい生き物ではありません。具体的な行動をもって、嚙《か》んで含《ふく》めるように、自分自身に伝え続けねばならないのです。

まずは手を動かしましょう。手を通じて頭を回転させることで効果的なメモを作る。そしてノートに体験、行動、生活習慣など自分の足跡《あしあと》を残していく。同時に好きなものや知りたいことを貼り交《ま》ぜて、すばらしい体験の記念を残していく。そして使用済みノートに番号を振って積み上げ、自らの軌跡を味わう。

このような手間ひまのかかる作業によって、「すごい自分」「誇れる自分」「惚《ほ》れ惚《ぼ》れする自分」を、執念深《しゅうねんぶか》く探し出していくのです。

ノートを使い続けていれば、いつか自分自身という最高の友に出会えるでしょう。

おわりに――困難な時期をやり過《す》ごすために

この本は、14歳《さい》を中心に高校生や20歳くらいの読者に向けて書いたものです。

正直なところ、執筆《しっぴつ》に取りかかる前は「いまどきのティーンに、メモやノートを書こうなんて話が通じるのかな?」と不安を感じていました。しかし、骨子《こっし》を作っているうちに気づきました。社会人は一日中スマホやキーボードをつつき回しているのに対し、学生は授業や課題、そして試験で必ず手書きをします。中高生こそ、もっともメモやノートに親《した》しんでいる世代なのです。

ということは逆に、大人よりティーンのほうが「手を動かそう」というメッセージが響《ひび》くのではないか――。

本書を書き上げたいま、そんな可能性を感じています。

各種リストや計画や段取りなどのメモ作りを通じて、頭のごちゃごちゃを整理し、悩《なや》みや不安な気持ちを制御《せいぎょ》する。そして、目の前の課題に集中する。

行動の記録や記念品の収録といったノート作りを継続《けいぞく》することで、日常生活を充実《じゅうじつ》したものにし、自信やパフォーマンスを高める。そして、もっと自分と上手《じょうず》に付き合えるようになる。

将来のあるみなさんに、こんなふうにメモやノートを活用してもらえれば、望外《ぼうがい》の喜びです。

話は変わりますが、自分の14歳くらいの時期ってどうだったかなー？　と思い出してみると、これはもう本当に悪夢のようでした。バイクで暴走したり窓ガラスを壊《こわ》したり……、なんてことはなく、恵《めぐ》まれた環境《かんきょう》で育った中学生だったものの、内面はドロドロのぐちゃぐちゃ。学校や家はもちろん、この世のすべてが気に入らない。人類《じんるい》滅亡《めつぼう》を半《なか》ば本気で願っていました。

頭の中は常に嵐《あらし》が吹《ふ》き荒れているような感覚で、落ち着いてものを考えることもできません。学校でも家でも朝から晩まで、何者かに引きずり回されているようで、正気を保つのに必死だったという感覚だけがいまでも残っています。

人生でいちばん精神的な危機を迎《むか》えていた時期であり、「もう思い出したくもない」というのが正直なところです。

しかし、いま43歳になった私は、普通《ふつう》に暮らしています。面倒《めんどう》なことや厄介《やっかい》な問題はいくらでもあるけれど、もう頭を抱《かか》えて塞《ふさ》ぎ込《こ》むようなことはありません。これは仕事がうまくいっているからとかスキルアップの結果とかではなく、ただ年をとったから。言い換《か》えれば、若者ではなくなったからです。

私には2人の娘《むすめ》(中学生)がいるので、普段《ふだん》から子育てや教育などの情報にはよく触《ふ》れています。さらに、この本を書こうと決めたときから、中高生や思春期の少年少女にまつわる報道、とくに「生きづらさ」と言われる話題に高い関心を持つようになりました。

そうこうするうちに思ったのは、「思春期は、だれにとってもキツいものなのかもしれない」ということです。

将来どうするのかを見越《みこ》して、勉強や部活などの成果が問われるタイミングでもある。それに子供から大人へ、中学生から高校生、大学生、社会人へといったように、立場や環境《かんきょう》が変わる過渡期《かとき》でもあるでしょう。また体を作り変えるホルモンの影響《えいきょう》も大きい。そして、どこにも逃《に》げ場がない。

つまり、人生においてこの時期は困難そのものなのではないか、と。

もちろん「楽しくやってますよ」という中高生も多いでしょう。それでもクラスに数人、いやひょっとしたら十数人が、まるで正体のつかめない頭のごちゃごちゃ、イライラ・モヤモヤに苦しんでいるとしたら、困難を抱えている人の数は膨大《ぼうだい》になります。中高生の頃《ころ》の私のように、一見普通に見えても内面の嵐に引きずり回されている人もいるかもしれません。

はたして、思春期の苦しみを解決する方法はあるのでしょうか。

仲間がいたら、勉強ができれば、恋人《こいびと》ができたら、スポーツや文化活動で成果を出したら解決する？　いや、そうではないでしょう。きっと想像もしなかったような問題に、心をかき乱されることになるはずです。

結局のところ、解決策はないのでしょう。思春期は多かれ少なかれしんどいのです。「べつになんともないよ」という人は別にして、苦しむ人はどうやっても苦しむ。

しかし、対処法《たいしょ》はあります。

やり過ごすことです。台風が上陸してきたときのように、庭やベランダのものをしまって、雨戸を閉め、ガラスにテープを張って、あとは通過するのを待つ。何日かすれば必ず去っていきます。

思春期も台風のようなもので、長くは続きません。20代半ばくらいでケロッと治まった、という声も多く聞きます。喉元過《のどもとす》ぎれば熱さを忘れる。その結果、ティーンエイジャーのみなさんにとって、大人は無理解で無神経だと感じることになるわけですけれど。

では、内面の嵐の被害《ひがい》を抑《おさ》え、速《すみ》やかにやり過ごすためには、どんなことをすればいいのか？

本書で語った「手書きの技術」が役に立つはずです。

考えがまとまらなかったり、どうしようもなく気分が乱れたりしたときは、紙とペンを取り出し、何かを書いてみる。いわば心の避難小屋《ひなんごや》です。

メモやノートを使った手間と時間のかかる具体的な作業によって、平静《へいせい》を取り戻《もど》す。そして頭のごちゃごちゃを整理し、イライラやモヤモヤの緩和《かんわ》につなげる。このような対処法を持っておくことで、ずっとやり過ごしやすくなるでしょう。

またこのようなアプローチを繰《く》り返すうちに、大きな収穫《しゅうかく》を得ることもあるでしょう。本当に好きなことを見つけたり、やりたいことに出会ったり、自分の新たな一面を見つけたりする機会もきっと出てくるはずです。

手書きは面倒くさくてかったるい。しかし、そのぶん裏切りません。必ず、前に進むためのヒントや心の休息《きゅうそく》を与《あた》えてくれます。

SNSのコミュニケーションやネット上の発信《はっしん》と受信《じゅしん》に疲《つか》れたときは、紙とペンを手にとってみてください。書き終えたとき、嵐の音は少し弱まっているでしょう。

201
200
199
198
Campus

著者紹介

奥野宣之（おくの・のぶゆき）

1981年、大阪府生まれ。同志社大学でジャーナリズムを専攻。卒業後は出版社・新聞社での勤務を経て、フリーランスのライター・著作家に。知的生産術や読書法をはじめ、古典の現代語訳から旅の楽しみ方まで、幅広いテーマで執筆活動を続けている。独自の手書き整理術を語った『情報は1冊のノートにまとめなさい［完全版］』（ダイヤモンド社）のシリーズ3冊は累計50万部を超えるベストセラー。近著『ちゃんと「読む」ための本』（PHP研究所）のほか、『図書館「超」活用術』（朝日新聞出版）、『学問のすすめ』（致知出版社「いつか読んでみたかった日本の名著シリーズ」現代語訳）など著訳書多数。

14歳の世渡り術

もやもや、ごちゃごちゃがスッキリする

手書きノート&メモ術

2024年11月20日　初版印刷
2024年11月30日　初版発行

著　者　奥野宣之

イラスト　桝田道也
著者エージェント　アップルシード・エージェンシー
ブックデザイン　高木善彦（SLOW-LIGHT）

発行者　小野寺優
発行所　株式会社河出書房新社
〒162-8544　東京都新宿区東五軒町2-13
電話　(03)3404-1201（営業）／(03)3404-8611（編集）
https://www.kawade.co.jp/

印刷　TOPPANクロレ株式会社
製本　加藤製本株式会社

Printed in Japan
ISBN978-4-309-61769-5